LA PITIÉ,

POËME

EN QUATRE CHANTS. 3459

Se trouve aussi chez les Libraires suivans :

A BASLE, *chez* Schœll et Cᵉ.
A BORDEAUX, *chez* Bergeret.
A BRUXELLES, *chez* Lecharlier
A AMSTERDAM, *chez* {Dufour.
Geyler et Cᵉ.
A GENÈVE, *chez* {Manget.
Paschoud.
A HAMBOURG, *chez* Perthès.
A LYON, *chez* Tournachon-Molin.
A MOSCOW, *chez* Riss et Saucet.
A STRASBOURG, *chez* Levrault frères.
A TURIN, *chez* Bocca.
A VIENNE (Autriche), *chez* Degen.

LA PITIÉ,

POËME

PAR JACQUES DELILLE.

A PARIS,

CHEZ GIGUET ET MICHAUD, IMP.-LIBRAIRES,
RUE DES BONS-ENFANS, Nº. 6.

1803. — AN XI.

EXTRAIT DU DÉCRET

Concernant les Contrefacteurs et Débitans d'Éditions contrefaites.

Du 19 Juillet 1793.

ART. IV. Tout Contrefacteur sera tenu de payer au véritable Propriétaire, une somme équivalente au prix de trois mille exemplaires de l'Édition originale.

ART. V. Tout débitant d'Édition contrefaite, s'il n'est pas reconnu contrefacteur, sera tenu de payer au véritable Propriétaire, une somme équivalente au prix de cinq cents exemplaires de l'Édition originale.

~~~~~~~~~~~~~~~~~~~~~~

Deux exemplaires de cet Ouvrage ont été déposés à la Bibliothèque nationale. Les lois nous en garantissant la propriété exclusive, nous traduirons devant les tribunaux les contrefacteurs, distributeurs ou débitans d'Éditions contrefaites ; et nous assurons à la personne qui nous les fera connoître, la moitié du dédommagement accordé par la loi.

PRÉFACE.

Ce Poëme n'est pas, comme on pourroit l'imaginer, un ouvrage purement de circonstances. L'auteur, dans le PREMIER CHANT, peint la Pitié exercée par les particuliers envers les animaux, les serviteurs, les parens, les amis, et indistinctement tous les êtres à qui leurs malheurs et leurs besoins donnent des droits à la Pitié des ames sensibles. Il contient deux épisodes d'un genre et d'un caractère différens : dans l'un, l'auteur a peint, avec des couleurs plus sombres et d'une manière plus énergique, les misères de la ville ; dans l'autre, avec des teintes plus douces, la misère des campagnes, où elle se montre moins effrayante

et moins hideuse. Le lieu même de la scène
demandoit un ton différent. De ces deux
épisodes, l'un est un fait réel assez intéressant pour que le célèbre Danloux se soit
proposé, d'après la lecture que l'auteur lui
en a faite, de lui consacrer l'admirable talent qui a rendu si touchant son beau tableau de *la Vestale*, auquel toute l'Angleterre a couru. L'autre épisode est tout
entier d'imagination.

Le second Chant a pour objet la Pitié
des gouvernemens, exercée dans les établissemens publics de justice et de charité,
dans les prisons, dans les hôpitaux civils
et militaires, dans les guerres de peuple à
peuple, et même dans la guerre civile. Il
se termine par un épisode qui présente un
des plus intéressans et des plus terribles tableaux que pût tracer la poésie, celui de
deux camps de la *Vendée*, volant l'un vers
l'autre, dans un moment de trève ; toutes

les animosités oubliées , toutes les fureurs suspendues ; la nature et le sang reprenant leurs droits ; chacun reconnoissant , embrassant son ami , son parent , le compagnon de son enfance ; et, au milieu de cet attendrissement et de cette allégresse universelle , le signal terrible du retour à leurs drapeaux parricides, et du renouvellement des massacres.

Le TROISIÈME CHANT a pour sujet la Pitié dans les temps orageux des révolutions ; et c'est-là que le poëme prend davantage la couleur d'un ouvrage de circonstances. Mais l'auteur a eu soin d'attacher tous les détails à des idées générales ; il a cherché les sources de la Pitié ; il les a trouvées dans la grandeur déchue, dont on mesure les malheurs par la hauteur de sa chûte ; dans le spectacle de la beauté malheureuse, de la vertu proscrite , de la vieillesse et de l'enfance persécutées. Les détails et les ré-

cits ne-sont que l'application des faits aux
principes, et des effets aux causes. Il y
avoit dans ce sujet un grand écueil à évi-
ter; c'est la monotonie horrible des scènes
innombrables de supplices et de massacres.
Pour donner quelque variété à ces terribles
peintures, l'auteur a tâché d'y mêler quelquefois, sans disparate, des images douces
et mêmes riantes. Ainsi, dans la description de la mort tragique de l'infortuné duc
de Brissac, après ces vers :

> . . . . . . Ah ! dans ce temps barbare,
> Qui n'aime à retrouver une vertu si rare ?

j'ai ajouté :

> Avec moins de plaisir les yeux d'un voyageur,
> Dans un désert brûlant, rencontrent une fleur ;
> Avec moins de transport, des flancs d'un roc aride
> L'œil charmé voit jaillir une source limpide.

De même, dans la peinture du règne de
la terreur, j'ai interrompu un instant cette
longue suite de meurtres abominables, par

ces vers d'un ton plus doux et d'une couleur moins lugubre :

> Ah ! dans ces jours affreux, trop heureux le mortel,
> Qne l'éclat de son nom n'a pas fait criminel !
> Heureux les humbles toits, abri de l'indigence,
> A qui la pauvreté garantit l'indulgence !
> Eh ! qu'importe au pouvoir, qu'auprès de ses troupeaux
> Le berger enfle en paix ses rustiques pipeaux ?
> Qu'importe le mortel, dont la table champêtre
> Se couronne, le soir, des fruits qu'il a fait naître ?

C'est dans la même intention que j'ai
ajouté ici le juste éloge des femmes, qui,
presque toutes, sont montées sur l'échafaud avec un courage dont l'histoire offre
à peine quelques exemples, cités sans cesse
et rarement imités. Enfin, pour donner à
cet épouvantable tableau de la plus effroyable époque du genre humain, toute
la variété qu'il pouvoit admettre, j'ai terminé ce chant par la description d'une fête
champêtre, instituée à l'honneur de ces
douze filles de Verdun, également intéres-
santes par leur vertu et leur beauté, toutes

immolées dans un même jour, et dont la mort
prématurée rappelle d'une manière si touchante, ce mot charmant d'un Grec, après
une bataille où la jeunesse athénienne pé-
rit en foule : *l'année a perdu son printemps.*
Par cette description, naturellement ame-
née, le lecteur consolé passe avec plaisir
et sans secousse, des massacres à une fête,
de la terreur des échafauds aux spectacles
délicieux des bocages, des fleurs et du
printemps. Plus ces images sont inatten-
dues, plus l'effet en est sûr.

Dans le QUATRIÈME CHANT enfin, j'ai
peint la Pitié dans les temps de proscrip-
tions et d'exils. Là, se trouvent encore des
idées générales de justice et de morale,
opposées au despotisme et à la tyrannie. On
lira dans ce chant un épisode intéressant
par sa nouveauté : c'est l'histoire de deux
jeunes époux, qui, voulant fuir bien loin du
spectacle douloureux de leur patrie oppri-

mée et sanglante , se sont établis sur les
bords de l'Amazone , y ont porté les arts
et les productions de leur patrie , y sont
devenus constructeurs , cultivateurs et fer-
miers. L'auteur , après avoir lu à un de
ses amis cet épisode imaginé par lui , pour
donner plus d'intérêt à son ouvrage , apprit avec étonnement et avec plaisir , que
ce récit n'étoit point une vaine fiction ,
mais l'histoire réelle de deux jeunes époux
d'une famille distinguée ; seulement le lieu
de la scène est différent , et le poëte se
trouve avoir placé dans l'Amérique méridionale , un fait arrivé dans le nord de
cette partie du Monde. Peu de hasards
heureux lui ont fait autant de plaisir que
celui de cette espèce de divination,

Je finirai par quelques observations générales sur la publication de ce poëme.
Les récits des calamités et des fautes pas-
sées sont le patrimoine de l'avenir ; c'est

l'instruction des empires et des siècles.
On ne peut nous envier les leçons de l'infortune , et nous priver même de nos malheurs. Je dois déclarer qu'aucun motif
de vengeance ne m'a fait prendre la plume,
et que le seul amour de la paix et de l'humanité m'a inspiré dans les tableaux que
j'ai tracés des troubles politiques qui sont
appaisés , et qui ne doivent laisser dans
les cœurs que ces longs souvenirs qui sont
l'expérience et la sagesse des Nations.

Je n'ajouterai plus qu'un mot. Des malheurs inévitables qu'entraînent les grands
bouleversemens dans les vieux empires ,
un des plus funestes et des moins remar-
qués , c'est l'incertitude de ce qu'il faut
mettre à la place de ce qui n'est plus. Dans
la peinture que fait Virgile des maux de
la guerre civile , à la fin du premier livre
des Géorgiques, je me suis toujours repro-
ché d'avoir infidèlement traduit quelques

mots, dont le sens profond n'est pas assez
senti :

. . . . *Ubi fas versum atque nefas*

dit Virgile. Le bien et le mal sont confondus : telle est la suite inévitable des révolutions ; tels ont été les effets de la révolution française.

Tant que Rome eut des lois stables, et
qu'on respecta l'ancienne constitution, on
pouvoit distinguer le juste de l'injuste.
Cette constitution, une fois détruite par
la violence, l'incertitude régna dans toutes
les délibérations et dans tous les esprits.
Les limites une fois arrachées, personne
ne sait plus où les replacer ; les anciennes fortunes renversées regardent avec
indignation les fortunes élevées sur leurs
débris ; les vaincus abhorrent les vainqueurs, ceux - ci s'efforcent d'en anéan-
tir ce qui reste ; les esprits systémati-
ques enfantent des projets de constitutions

qui s'écroulent les unes sur les autres, et
ensevelissent sous leurs débris et leurs ennemis et leurs auteurs. La nouveauté combat les anciennes habitudes; le choc des sys-
têmes religieux vient ajouter à ces orages;
tout est inquiétude, désordre, animosité,
fureur : le parti écrasé, qui avoit oublié
ses injures, saisit avec ardeur l'occasion
de la vengeance, jusqu'à ce que les haines
des factions rivales viennent mourir de
fatigue et d'épuisement. Les états qui se
laissent pousser à ces excès, doivent trembler; car, après le règne des empiriques,
ils ne sont pas toujours sûrs de trouver
à propos un médecin qui, comme nous
l'avons vu, par des moyens doux sans foiblesse, actifs sans violence, sache guérir
le corps politique des maux et sur-tout des
remèdes souvent pires que la maladie.

LA PITIÉ,

POËME.

~~~

CHANT PREMIER.

Trop long-temps ont grondé les foudres de la guerre;
Trop long-temps des plaisirs, corrupteurs de la terre,
La Mollesse écouta les sons voluptueux :
Maintenant, des bons cœurs, instinct affectueux,
Accours, douce Pitié, sers mon tendre délire ;
Viens mouiller de tes pleurs les cordes de ma lyre,
Viens prêter à mes vers tes sons les plus touchants :
C'est pour toi que je chante, inspire donc mes chants !
Puissent-ils, consolant cette terre où nous sommes,
Être approuvés des dieux, être bénis des hommes,
Apprivoiser le peuple, intéresser les rois,
Rendre à l'heureux des pleurs, au malheureux ses droits !
    Glorieux attribut de l'homme, roi du monde,
La Pitié de ses biens est la source féconde.
La force n'en fit point le roi des animaux ;
Non, c'est cette Pitié qui gémit sur les maux.

Vers la terre, courbés par un instinct servile,
Ses sujets n'ont, du ciel, reçu qu'une ame vile;
Conduits par le besoin et non par l'amitié,
Ils sentent la douleur et jamais la pitié.
L'homme pleure, et voilà son plus beau privilège;
Au cœur de ses égaux la Pitié le protège.
Nous pleurons, quand, ravie au bonheur, aux amours,
La jeune vierge expire au printemps de ses jours;
Nous pleurons, lorsqu'en proie au ravisseur avide,
Tombe dans le malheur un orphelin timide;
Et, lorsqu'aux tribunaux sa modeste pudeur
De son front ingénu fait parler la candeur,
La Pitié dans notre ame embrassant sa défense,
Du côté de ses pleurs fait pencher la balance.
Un instinct de pitié nous apprend à gémir,
D'un péril étranger nous force de frémir.
Que dis-je? Du malheur la touchante peinture
Exerce son pouvoir sur l'ame la plus dure.
Nous pleurons, quand Poussin, de son adroit pinceau,
Peint les jours menacés de Moïse au berceau;
Nous pleurons, quand Danloux, dans la fosse fatale,
Plonge, vivante encor, sa charmante vestale;
Vers sa tombe avec elle il conduit la Pitié;
On ne voit que ses maux, son crime est oublié.

La Pitié, doux portrait de la bonté divine,
Rappelle les mortels à leur noble origine.
Malheur aux nations qui, violant nos droits,
De la Pitié touchante ont étouffé la voix!
L'autel de la Pitié fut sacré dans Athènes ;⁽²
L'intérêt mieux instruit bénit ses douces chaînes.
Elle inspire les arts, elle adoucit les mœurs,
Et le cœur le plus dur s'amollit à ses pleurs.
C'est peu : du genre humain douce consolatrice,
De la société tu fondas l'édifice!
Oui, ce fut sur la foi de ce doux sentiment,
Plus puissant que les lois, plus fort que le serment,
Que les hommes, fuyant leurs sauvages asiles,
Joignirent leurs foyers dans l'enceinte des villes.
Là, vinrent les mortels, dans les forêts épars,
Sous de communes lois, dans les mêmes remparts,
Prêts à se secourir aux premiers cris d'alarmes,
S'aider de leurs talens, de leurs biens, de leurs armes;
Et, rapprochés entr'eux par un besoin pareil,
S'assurer l'un à l'autre un paisible sommeil.
Mais bientôt tout changea; la fortune inégale
Vint assigner aux rangs leur utile intervalle.
Auprès de la richesse on vit la pauvreté,
Près des tristes besoins la molle oisiveté;

Alors vint la Pitié, seconde providence :

Dans les riches monceaux qu'entassa l'opulence,

La Pitié préleva la part de l'indigent ;

Le luxe fut humain, le pouvoir indulgent ;

Des cœurs compatissans la tristesse eut des charmes ;

Les larmes dans les yeux rencontrèrent des larmes ;

Et, plaçant le bonheur auprès de la bonté,

La vertu fut d'accord avec la volupté.

Tel fut l'ordre du monde, et l'arrêt des dieux mêmes.

Mortels, obéissez à ces décrets suprêmes ;

Écoutez la Pitié, secourez vos égaux,

Ajoutez à vos biens en soulageant leurs maux.

Enfin tout ce qui vit sous votre obéissance

Doit sentir vos bienfaits, bénir votre puissance.

Vous donc, soyez d'abord le sujet de mes chants,

O vous, qui fécondez ou qui peuplez nos champs !

Vous êtes nos sujets ; le Dieu de la nature

Vous forma, je le sais, d'une argile moins pure ;

Il ne l'anima point d'un rayon immortel,

Et nous seuls sommes nés cohéritiers du ciel :

Mais au même séjour nous habitons ensemble ;

Mais par des nœuds communs le besoin nous rassemble.

Pourtant, quelqu'intérêt que m'inspirent vos maux,

Je n'irai point, rival du vieillard de Samos, (3

Répéter aux humains sa plainte attendrissante ;

Je ne m'écrirai point, d'une voix gémissante :

« Cruels ! que vous a fait l'innocente brebis,

» Dont la molle toison a tissu vos habits ;

» La chèvre qui, pendue aux roches buissonneuses,

» Compose son festin de ronces épineuses ?

» Que vous a fait l'oiseau, dont la touchante voix

» Est l'honneur du printemps et le charme des bois ?

» Que vous a fait le bœuf, enfant de vos domaines,

» Laboureur de vos champs, compagnon de vos peines ?

» Barbares ! pouvez-vous, au sortir du sillon,

» Quand son flanc saigne encor des coups de l'aiguillon,

» Frapper du fer mortel, pour prix d'un long servage,

» Son front tout dépouillé par le joug qui l'outrage ?

» Quoi ! les mets manquent-ils à votre avide faim ?

» Voyez ces fruits pendans inviter votre main.

» Pour vous mûrit le bled, pour vous la sève errante

» Vient gonfler d'un doux suc la grappe transparente :

» N'avez-vous point du miel le nectar parfumé ?

» Du lait qui rafraîchit votre sang enflammé,

» La vache nourricière est-elle donc avare ?

» Ah ! cruels, rejetez un aliment barbare,

» Digne festin des loups, des tigres et des ours ;

» La nature en frémit. » Inutiles discours :

Dès long-temps l'habitude a vaincu la nature;

Mais elle n'en a pas étouffé le murmure.

Soyez donc leurs tombeaux, vivez de leur trépas,

Mais d'un tourment sans fruit ne les accablez pas :

L'Éternel le défend ; la Pitié protectrice

Permet leur esclavage et non pas leur supplice.

Cependant je l'ai vu ; j'ai vu des animaux

Courbés injustement sous d'énormes fardeaux,

L'homme s'armer contr'eux ; et, comme leur paresse,

Par de durs traitemens châtier leur foiblesse.

J'ai vu, les nerfs roidis et les jarrets tendus,

Tomber ces malheureux sur la terre étendus.

J'ai vu du fouet cruel les atteintes funestes,

De leurs esprits mourans solliciter les restes ;

Et de coups redoublés accablant leur langueur,

Par l'excès des tourmens ranimer leur vigueur.

Ah ! dételez vos chars ; qu'heureux auxiliaires,

Vos coursiers généreux viennent aider leurs frères :

O vous ! que le hasard amène dans ce lieu,

Ainsi vous secondez les grands desseins de Dieu ;

Ainsi, portant sa part du joug qui les accable,

La brute sert la brute, et l'homme son semblable.

Cent fois plus criminel, et plus injuste encor,

Celui dont le coursier, pour mieux prendre l'essor,

Avec art amaigri, bien loin de la barrière,

Sous l'acier déchirant dévore la carrière ;

Et, contraint de voler, plutôt que de courir,

Doit partir, fendre l'air, arriver et mourir :

Des vains jeux de l'orgueil épouvantable scène !

Eh ! qui peut, sans rougir de l'injustice humaine,

Voir ces coursiers rivaux, leurs violens efforts,

De la vie à-la-fois usant tous les ressorts,

Tout leur corps en travail sous le fouet qui les presse,

Ces longs élancemens, cette immense vîtesse

Dont l'éclair les dérobe aux yeux épouvantés,

Leur souffle haletant, leurs flancs ensanglantés ?

Et pourquoi ? pour qu'un fat, s'appropriant leur gloire,

Sur leur corps palpitant, crie : à moi la victoire !

Ou que d'un vil pari le calcul inhumain

De cet infâme honneur tire un infâme gain.

Eh ! voyez Albion, cette terre chérie,

Albion, des coursiers indulgente patrie :

C'est là que, de leur race entretenant l'honneur,

L'homme instruit leur instinct et soigne leur bonheur.

Avec moins de plaisir, ces hordes inconstantes,

Qui près de leurs coursiers reposent sous leurs tentes,

D'un zèle fraternel veillent à leurs besoins.

Le coursier est sensible à ces généreux soins :

Aussi, que la carrière à ses yeux se présente ;
L'homme à peine contient sa fougue impatiente ;
Sans le fouet meurtrier, sans l'éperon sanglant,
Il part, entend son maître, et l'emporte en volant,
Touche le but, revient, et fier, levant la tête,
Semble, d'un pied superbe, applaudir sa conquête.

Sachez donc dispenser les soins, le châtiment :
Et du bien et du mal le vif ressentiment
Est leur premier instinct ; et, grâce à la nature,
Ainsi que le bienfait, ils ressentent l'injure.
Ah ! comment l'homme ingrat l'a-t-il donc oublié ?
A-t-on tant de malheurs et si peu de pitié ?
Tel ne fut point Hogart [4] ; sa main compatissante
Traça des animaux l'histoire attendrissante :
De là, ce noble élan, ces admirables mots
D'une ame généreuse et sensible à leurs maux,
Qui, voyant des coursiers torturés par leur maître,
S'écrie : « ô cœur barbare ! homme dur, qui peut-être
» Au sein de ton ami plongerois le poignard,
» Tu n'as donc jamais vu les peintures d'Hogart ! »
Suivez donc son exemple, écoutez ses maximes ;
Qu'ils soient vos serviteurs et non pas vos victimes.
Mais c'est à toi sur-tout que l'on doit la pitié,
Animal généreux, modèle d'amitié,

Qui le jour et la nuit prodigant tes services,

Gouvernes nos troupeaux, ou gardes nos hospices,

Dont l'œil nous cherche encor de ses regards mourants :

Sois donc et le sujet et l'honneur de mes chants,

O toi ! qui, consolant ta royale maîtresse,[5]

Jusqu'au dernier soupir lui prouvas ta tendresse,

Qui charmois ses malheurs, égayois sa prison ;

O des adieux d'un frère, unique et triste don !

Hélas ! lorsque le sort, qui lui ravit son père,

Pour comble de malheur la sépara d'un frère,

Livré seul aux rigueurs d'un destin ennemi,

Pour elle il se priva de son dernier ami.

Que dis-je ? Des tyrans incroyable caprice !

Celui qui fit traîner ses parens au supplice,

Qui l'entoura de morts, l'accabla de revers,

Lui laissa l'animal, compagnon de ses fers.

Et moi qui proscrivis leurs honneurs funéraires,[6]

J'implore un monument pour des cendres si chères,

Pour toi qui, presque seul au siècle des ingrats,

Dans les temps du malheur ne l'abandonnas pas :

Va donc dans l'Elysée, où ton ombre repose,

Jouir des doux honneurs de ton apothéose !

Je ne te mettrai point près du chien de Procris ;[7]

J'offre un plus doux asile à tes mânes chéris :

4

De Poniatousky, de sa sœur vertueuse

Les jardins recevront ton ombre généreuse.

Là, parmi les gazons, les ruisseaux et les bois,

Tu dormiras tranquille; et la fille des rois,

En proie à tant de maux, objet de tant d'alarmes,

Y reviendra pleurer, s'il lui reste des larmes.

Il est de la Pitié de plus dignes objets,

Que Dieu fit nos égaux, et le sort nos sujets:

C'est vous, qui, sous nos toits serviteurs volontaires,

Par vos soins assidus méritez vos salaires.

Non que je veuille ici, prêchant l'égalité,

Dissoudre les liens de la société.

Dieu lui-même des rangs forma la chaîne immense,

Qu'un atome finit, que l'éternel commence.

Mais n'allez pas, brisant le pacte mutuel,

De votre autorité faire un abus cruel;

Songez bien que tout homme, en servant son semblable,

Sacrifie à son maître un bien inestimable,

Sa liberté. Lui-même à vos commandemens

Soumet ses jours, ses nuits, ses heures, ses momens.

Ah! de la liberté si le trompeur fantôme

A pu dans un instant renverser un royaume;

Si, vengeant la nature et les droits des humains,

Un esclave, autrefois, fit trembler les Romains,(8

Et de ses fers rompus se forgeant une épée,

Souleva l'Italie et balança Pompée;

Jugez combien le ciel jusques au fond du cœur

Grava profondément ce sentiment vainqueur.

Ne l'outragez donc pas, payez ces sacrifices;

Qu'on serve vos besoins, et non pas vos caprices.

Sous un air paternel cachez l'autorité,

Et mêlez la douceur à la sévérité.

Que le maître indulgent, le serviteur fidèle

Fassent commerce entr'eux de bienfaits et de zèle :

Ensemble associés par ces soins délicats,

L'un ne commande point, l'autre n'obéit pas.

Le cœur a deviné bien avant qu'on ordonne,

Grâce à ce doux attrait où l'ame s'abandonne.

D'un côté le penchant, de l'autre la bonté,

Donne à l'obéissance un air de volonté :

L'amitié rend toujours bien plus qu'on ne demande.

Mais ce que la Pitié sur-tout vous recommande,

C'est ce bon serviteur qui vieillit sous vos toits :

Du service et des ans allégez-lui le poids.

Que chez vous son utile et noble vétérance

Soit d'un long dévoûment la juste récompense.

Il veut encor pour vous tout ce qu'il ne peut pas

Son exemple vous sert au défaut de ses bras.

Nestor des serviteurs, son âge leur commande,
Son sourire applaudit, son regard réprimande ;
Et quand son zèle, enfin, deviendroit impuissant,
Verrez-vous sans pitié son déclin languissant ?
Pouvez-vous au besoin, par un oubli funeste,
Des jours usés pour vous abandonner le reste ?
La Pitié le défend, et même l'équité.
Que, s'il ne peut suffire aux soins de la cité,
Il habite vos champs ; que dans ce doux asile,
Ses vieux ans soient heureux et son repos utile.
Et vous, quand les beaux jours vous y rappelleront,
Avec délice encor vos yeux le reverront.
Témoin de vos plaisirs, de vos maux domestiques,
Tels que ces monumens des annales antiques,
Ses vieux ressouvenirs reviendront sur vos pas ;
Ils vous retraceront vos chasses, vos combats,
De votre grand cartel la mémorable histoire,
Ce vieux procès gagné, ce siège plein de gloire
Où vous fûtes blessé, votre hymen, vos amours ;
Et ses récits encor vous rendront vos beaux jours.
Tairai-je ces enfans de la rive africaine (6)
Qui cultivent pour nous la terre américaine ?
Différens de couleur, ils ont les mêmes droits ;
Vous-mêmes contre vous les armez de vos lois.

Loin de moi cependant ces précepteurs du monde,
Dont la pitié cruelle, en désastres féconde,
Déchaînant tout-à-coup des monstres furieux,
Dans leurs sanglantes mains mit le fer et les feux !
O champs de Saint-Domingue ! ô scènes exécrables !
Ah ! fuyez, sauvez-vous, familles déplorables ;
Les tigres sont lancés ; du soleil africain
Tous les feux à-la-fois bouillonnent dans leur sein.
Pour vous leur art cruel rafina les souffrances ;
Robespierre lui-même envîroit leurs vengeances.
Là, des enfans portés sur la pointe des dards
De leurs noirs bataillons forment les étendards ;
Ici, tombe le fils égorgé sur son père,
Le frère sur la sœur, la fille sur la mère.
Chaque lieu, comme nous, a son noir tribunal ;
Par-tout la mort moissonne ; et le démon du mal,
Volant d'un pôle à l'autre, et planant sur les ondes,
Sur le choix des malheurs hésite entre deux mondes.
Quelle cause a produit ces fléaux désastreux ?
Quelques abus des droits que vous aviez sur eux.
Leur haine s'en souvint ; et la noire imposture
Dans leurs cœurs ulcérés vint aigrir cette injure.
Ah ! que les deux partis écoutent la Pitié,
Qu'entre les deux couleurs renaisse l'amitié !

Évitez qu'un excès de rigueur, d'indulgence,

N'encourage l'audace, ou n'arme la vengeance,

Et que ce sol enfin, trempé de leurs sueurs,

Ne soit plus teint de sang et baigné de leurs pleurs.

D'un cri plus fort encore et d'un accent plus tendre

A votre cœur ému le sang se fait entendre.

Vos parens malheureux ont droit à vos secours.

Et comment pouvez-vous couler en paix vos jours,

Lorsqu'en proie aux besoins qui pèsent sur leurs têtes

Le cri de leur douleur vous reproche vos fêtes ?

Ah! le remords les venge, et leurs affreux destins

Attristent vos plaisirs, et troublent vos festins.

En vain la loi se tait, quand la nature exige.

Voyez ces rejetons nés de la même tige ;

L'un regorge de sève, et cet autre affamé

Languit privé d'un suc vainement réclamé ;

Mais le jardinier vient, dont la rigueur féconde

Dispense également la sève vagabonde ;

Et, pour alimenter leurs frères appauvris,

Prive du superflu les rameaux trop nourris.

Dans votre luxe, ingrats! trompant la providence,

N'épuisez donc pas seuls votre injuste abondance ;

Aux droits de votre sang sacrifiez vos droits,

Et corrigez le ciel, le hasard et les lois.

Eh ! qui ne connoît pas quelle volupté pure
A ce doux sentiment attacha la nature ?
Fidélia le prouve, elle dont Addisson
A la postérité transmit l'aimable nom.
La mort à son enfance avoit ravi sa mère ;
Mais ses traits enchanteurs en offroient à son père
La douce ressemblance et le vivant portrait ;
De ce père chéri l'amour l'idolâtroit.
Une épouse, des sens flatte la tendre ivresse,
Les fils l'ambition, les filles la tendresse ;
Et pour elles l'amour d'un père vertueux,
Sans en être moins pur, est plus affectueux.
Au ciseau de Scopas, même au pinceau d'Apelle,
La beauté que je chante eût servi de modèle.
Un amant l'adoroit, tel que le dieu d'Amour
L'eût choisi pour charmer les Nymphes de sa cour.
Elle-même admiroit sa grâce enchanteresse,
Mais l'amour filial étouffoit sa tendresse ;
Et d'un père chéri, les douleurs, les besoins,
Sans remplir tout son cœur, occupoient tous ses soins.
Son ame dévouée à ces doux exercices,
A son vieux domestique envioit ses services ;
Les plus humbles emplois flattoient son tendre orgueil :
Elle-même avec art dessina le fauteuil

Qui, par un double appui soutenant sa foiblesse,
Sur un triple coussin reposoit sa vieillesse ;
Elle-même à son père offroit ses vêtemens,
Lui préparoit ses bains, soignoit ses alimens;
Elle-même, à genoux, ajustoit sa chaussure ;
Elle-même peignoit sa blanche chevelure,
Près de lui rassembloit ses meubles favoris ,
Ses amis de l'enfance, et ses livres chéris.
Souvent, quand la beauté, méditant des conquêtes,
Se paroit pour le bal, les festins ou les fêtes ;
Elle, auprès du vieillard, au coin de leurs foyers,
Écoutoit le récit de ses exploits guerriers,
Dansoit, pinçoit son luth : tantôt, avec adresse,
Lui chantoit les vieux airs qui charmoient sa jeunesse
Le soir, le conduisoit au lieu de son sommeil,
Veilloit à son chevet, épioit son réveil,
Dressoit pour lui la table, et des plantes d'Asie
Lui versoit de sa main l'odorante ambroisie.
Vainement ses amis lui disoient quelquefois :
« Faut-il vivre toujours sous ces austères lois,
» Et même avant l'hymen connoissant le veuvage,
» En ces pieux ennuis couler votre jeune âge?
» Hâtez-vous de saisir ces rapides instans ;
» Vous les regretterez, il n'en sera plus temps.

» Plus prompte que l'éclair, la jeunesse s'envole :

» De ces tristes devoirs, qu'un époux vous console ! »

« Ah ! ma mère n'est plus, disoit-elle, et sa mort

» D'un père en cheveux blancs m'a confié le sort.

» De frivoles plaisirs que la foule s'amuse ;

» Pour moi, mon cœur jouit des biens qu'il se refuse.

» Je jouis, quand je vois, au sortir du sommeil,

» D'un rayon de gaîté briller son doux réveil.

» Je jouis, quand, le soir prolongeant ma lecture,

» J'endors près de son lit les douleurs qu'il endure.

» Je jouis, quand le jour, appuyé sur mon bras,

» Mes secours attentifs aident ses foibles pas.

» Dans des liens nouveaux ma jeunesse engagée,

» Par deux objets chéris se verroit partagée ;

» L'amour lui voleroit une part de mes soins ;

» Je l'aimerois autant, je le soignerois moins.

» Non, j'en jure aujourd'hui par l'ombre de ma mère,

» Rien ne pourra jamais me séparer d'un père. »

Tel étoit son langage. Et moi, puissent mes chants

Nourrir, entretenir ces vertueux penchans !

Doux et sublime emploi du bel art que j'adore,

Art charmant ! c'est ainsi que le monde t'honore,

Et que du luth sacré les sons religieux

Sont l'amour de la terre et les échos des cieux.

Et si c'est un ami que le malheur oppresse,

Un ami! ce mot seul dit tout à la tendresse :

Vous-même à ce tribut vous vous êtes soumis :

Le sort fait les parens, le choix fait les amis.

Le jour qui vous unit d'une chaîne commune,

L'un à l'autre engagea vos soins, votre fortune ;

Et la loi d'amitié, ce doux contrat des cœurs,

D'avance à votre charge a mis tous ses malheurs.

Mais qui sait acquitter cette dette sublime ?

Ah! c'est toi, de mes maux compagne magnanime,

O toi! l'inspiratrice et l'objet de mes chants,

Qui joins à mes accords des accords si touchans ! (10)

Hélas! lorsque mes yeux, appesantis par l'âge,

S'ouvrent à peine au jour, plus d'un charmant ouvrage

Etoit perdu pour moi; mais à ma cécité

Ta secourable voix en transmet la beauté.

Des filles de Milton, qui ne sait la tendresse ?

Je n'eus ni ses talens, ni sa lâche foiblesse :

Admirable poëte, et mauvais citoyen,

Il outragea son maître, et j'ai chanté le mien.

Mais, comme ce grand homme, au sein de sa famille,

En toi, dans mon exil, je retrouve une fille,

Dont l'organe enchanteur, les sons mélodieux

Ravissent mon oreille, et remplacent mes yeux.

Déjà, de ton ami douce consolatrice,
Dirai-je envers les tiens ta bonté bienfaitrice,
Et comment en secret tes soins attendrissans
D'un père vertueux soulagent les vieux ans ?
Ah ! tu m'en es plus chère, et ta noble indigence
Rit plus à mes regards que la fière opulence,
Qui, répandant au loin ses flots dévastateurs,
Va soudoyer le vice et corrompre les cœurs.
Tel un torrent fougueux, élancé des montagnes,
De ses flots débordés va noyer les campagnes ;
Tandis que dans son cours un modeste ruisseau,
Distribuant sans bruit son mince filet d'eau,
Dans le champ paternel s'insinue en silence,
Et de sa pauvreté fait naître l'abondance :
Les bois, les fruits, les fleurs accompagnent son cours.
  Ainsi, répartissant ses vertueux secours,
La tendre Pitié souffre et jouit dans les autres.
Toutefois c'est trop peu de soulager les nôtres ;
L'étranger a ses droits sur un cœur généreux.
Mais ne l'oubliez pas, toujours le malheureux
Ne vient point au grand jour, dans les places publiques,
Étaler le tableau de ses maux domestiques.
Renfermant son secret dans le fond de son cœur,
Le malheur a sa honte et sa noble pudeur ;

Seul, et réfugié dans son asile sombre,
Aux regards indiscrets il se cache dans l'ombre.
Sachez donc le trouver dans son réduit affreux;
Epiez les momens et les hasards heureux.
De la douce Pitié la consolante gloire,
Ainsi que le génie, ainsi que la victoire,
A ses instans choisis envoyés par le ciel;
Sachez donc les saisir. Voyez-vous ce mortel
Qui, les yeux égarés, comme au bord d'un abîme,
Hésitant, frémissant, reculant près du crime,
Tout-à-coup emporté d'un mouvement soudain,
D'un vol dont il rougit, vient de souiller sa main?[1]
Il fuit: suivez ses pas; sous le toit du coupable
Pénétrez avec lui. Quel tableau lamentable!
Des enfans demi-nus, sur la terre couchés,
Immobiles de froid, de besoin desséchés;
Menacés de la mort, si près de leur naissance,
Ils ignorent les jeux de la folâtre enfance.
Sur le sein maternel leur frère appelle en vain
Quelques gouttes d'un lait consumé par la faim.
Autour d'eux, des murs nus: hier, un encan funeste
D'un vil ameublement a dispersé le reste;
Et, pour comble de maux, de leurs derniers débris
D'avides créanciers ont dévoré le prix.

Par-tout le dénûment, le deuil et le silence.

D'un désespoir muet domptant la violence,

Leur père à côté d'eux, triste, pâle et défait,

Tourmenté par la faim, moins que par son forfait,

En détournant ses yeux d'un tableau qui l'accable,

Leur jette, et se refuse un aliment coupable,

Que leurs avides mains se disputent entr'eux :

Puis, d'un air, d'un regard, d'un accent douloureux,

Où son cœur déchiré tout-à-la-fois exprime

Et l'excès de ses maux, et l'horreur de son crime :

« O vous ! qui violez l'asile du malheur,

» Etranger, venez-vous épier ma douleur ?

» Eh bien ! venez, voyez ces enfans, cette mère :

» Suis-je assez malheureux d'être homme, époux et père?

» Hélas ! jusqu'à ce jour mon sort fut moins cruel ;

» J'étois infortuné, mais non pas criminel.

» Allez, révélez tout ! je bénis mon supplice ;

» Vos lois me feront grâce en me faisant justice.

» Que sais-je? une autre fois, mon funeste destin

» Peut-être d'un brigand feroit un assassin.

» Allez, délivrez-moi du jour et de moi-même ! »

A ces mots, il succombe à sa douleur extrême.

Vous, heureux d'adoucir l'injustice des dieux,

L'or tombe de vos mains, les larmes de vos yeux ;

Vous consolez ses maux, vous réparez son crime,
Et recueillez tout bas cette leçon sublime :
« Qui prévient les besoins, prévient donc les forfaits
L'un s'applaudit d'avoir trouvé de vieux palais,
L'autre un peuple inconnu, l'autre une île féconde,
Hershel un autre ciel, Vespuce un nouveau monde ;
Et vous, par un hasard plus doux pour votre cœur,
Vous avez découvert et servi le malheur :
N'abandonnez donc pas vos recherches heureuses.
Mais les cris du malheur, ses plaintes douloureuses,
Au milieu des états et des rangs confondus,
Dans nos vastes cités trop souvent sont perdus.
Dans ce pompeux fracas sa voix meurt égarée ;
Dans le sein des hameaux, la douleur éplorée
Moins souvent se dérobe à l'œil compatissant :
Cherchez donc, secourez le malheur innocent.
Je sais que, de nos jours, en crimes trop fertiles,
Les champs ont imité le désordre des villes ;
Le culte saint, la paix et la simplicité
Sont bannis du hameau comme de la cité.
Par-tout, la soif de l'or, l'audace, la licence,
De son dernier asile ont chassé l'innocence ;
Et moi, qui célébrai le bon peuple des champs,
Je ne reconnois plus le sujet de mes chants.

L'esprit fort, en patois, prêche contre les prêtres;
Gros Jean fait le procès au Dieu de ses ancêtres;
Plus d'un Mathieu Garo s'érige en novateur,
Lucas est usurier, Colas agioteur;
Et déjà, des cités affectant l'opulence,
Ces parvenus des champs en ont pris l'insolence.
Mais peu se sont souillés de ces excès honteux :
Plaignez le criminel, aidez le malheureux.
Que tantôt, du travail l'appareil, nécessaire
Aux mains de l'industrie, écarte la misère;
Tantôt, qu'un luxe heureux des heureux qu'il a faits,
Sous un faste apparent déguise les bienfaits;
Tantôt, de la bonté que la marche secrète
Surprenne l'indigent au fond de sa retraite.
C'est peu : les ouragans, et la grêle, et les feux
Exercent trop souvent leurs fléaux désastreux :
Alors, ah! c'est alors que le besoin réclame
La Pitié que le ciel imprima dans notre ame,
Cette Pitié, du ciel présent consolateur,
Si douce au malheureux, plus douce au bienfaiteur!
Le vertueux Mopsus en offre un noble exemple.
Du bonheur, des vertus, son chaume étoit le temple :
L'aurore, tous les jours, le voyoit le premier
Quitter, pour ses travaux, son rustique foyer;

Le soir, pour son retour, sa femme vigilante
Préparoit du sarment la flamme pétillante ;
Ses enfans l'attendoient, et briguoient sur le seuil
Et son premier souris, et son premier coup-d'œil.
Leurs cœurs étoient heureux : quand d'un noir incen
La flamme, dans son cours par les vents agrandie,
Dévora leur cabane, et dans ses tourbillons
Engloutit le produit et l'espoir des sillons.
L'année avoit perdu le prix de sa culture,
La flamme avoit détruit la semence future ;
Et leurs cœurs, aux regrets mêlant le désespoir,
N'osoient se souvenir, et trembloient de prévoir.
Pour comble de malheur, ces animaux utiles,
Qui paissoient dans leurs champs, ou les rendoient fertil
Se débattant en vain sous leurs toits embrâsés,
Ensemble avoient péri par leur chûte écrasés.
Ils pleuroient : quand l'honneur et l'amour du village,
Le sensible Dormond, dans ce triste ravage,
Source pour lui de joie ainsi que de douleurs,
Vit le touchant espoir d'essuyer quelques pleurs.
Tandis que sous ses toits leur misère est soignée,
Dans le riant enclos d'une ferme éloignée
Il prépare en secret, par un art tout nouveau,
Un plaisir pour son cœur, pour ses yeux un tableau.

Un constructeur arrive, et soudain, ô merveille !
Une maison s'élève, à leur maison pareille.
Ses murs, vieillis par l'art, offrent même coup-d'œil ;
Semblable en est l'entrée, et semblable est le seuil.
C'est leur même buffet, c'est leur modeste table ;
Nombre égal d'animaux a peuplé leur étable,
Et jusque dans leur cour un nombre égal d'oiseaux
Est perché sur les toits, ou nage dans les eaux.
Seulement, leur vieux coq, qu'avoient sauvé ses aîles,
Ne reconnoissoit plus ses amantes nouvelles.
Le jour arrive enfin ; le couple infortuné
Vient, voit, doute s'il veille, et recule étonné.
De réduits en réduits leurs yeux charmés s'égarent :
Tel, si les grands objets aux petits se comparent,
Des Troyens autrefois jetés sous d'autres cieux,
Ilion imité charmoit encor les yeux, (12
Et du Xante sacré, sur un autre rivage,
Leurs cœurs avec transport reconnoissoient l'image :
Tel le couple admiroit son chaume accoutumé,
Et son armoire antique, et son âtre enfumé ;
Et, comme ces remparts qu'Hector ne put défendre,
Leurs humbles murs aussi renaissoient de leur cendre.
De ses hochets perdus, son unique trésor,
Seul, leur plus jeune enfant se désoloit encor ;

6

On appaise ses cris. Cependant la chaumière
A repris du travail l'activité première ;
Les roseaux avec art s'enlacent aux roseaux ;
J'entends tourner la roue, et rouler les fuseaux.
Là, l'heureux fondateur de l'heureuse peuplade
Aimoit à diriger sa douce promenade.
Là, de ses soins touchans il recevoit le prix :
Sur leur bouche, à sa vue, erroit un doux souris ;
Et l'accent du bonheur, de la reconnoissance,
Ainsi que leur hommage, étoit sa récompense.
Tant, de l'instant propice ardente à se saisir,
La bonté sait changer un désastre en plaisir !

FIN DU PREMIER CHANT.

LA PITIÉ,

POËME.

~~~~~~

CHANT SECOND.

Maintenant, ô Pitié, redouble de courage!
D'un sort plus rigoureux je vais tracer l'image.
Au sein de ses amis, auprès de ses parens,
Les plaisirs sont plus doux et les malheurs moins grands :
Quelle douleur résiste aux soins d'une famille,
Aux souris d'une épouse, aux larmes d'une fille?
Je chante l'homme en proie à des maux plus cruels,
Qui, loin de ses amis et des toits paternels,
Perdant de ses foyers la douceur domestique,
Attend ou la justice ou la pitié publique.
Viens donc, ô ma Déesse! entrons dans ce séjour,
Où l'homme, dans les fers, languit privé du jour.
Hélas! tandis qu'auprès de leurs jeunes compagne
Dans les riches cités, dans les vertes campagnes,
Ses amis d'autrefois amusent leurs loisirs ;
Lorsque, donnant à tous le signal des plaisirs,

L'airain retentissant, et l'aiguille muette,
Du temps qui la conduit vagabonde interprète,
Marquent au laboureur la fin de ses travaux,
Aux mineurs harassés une trève à leurs maux,
Appellent chaque soir la jeunesse folâtre
Aux délices du bal, aux pompes du théâtre,
Ou, d'un moment plus cher annonçant le retour,
De l'heure fortunée avertissent l'amour,
Le temps, par la douleur, lui mesure les heures.
Réduit, pour seul plaisir, dans ces noires demeures,
A lire quelques mots, où d'autres, avant lui,
Sur ces terribles murs ont tracé leur ennui;
Il est seul : dans un long et lugubre silence,
Pour lui le jour s'achève, et le jour recommence;
Pour lui plus de beaux jours, de ruisseaux, de gazon;
Cette voûte est son ciel, ses murs son horison.
Son regard élevé vers le flambeau céleste
Vient mourir dans la nuit de son cachot funeste;
Rien n'égaye à ses yeux sa morne obscurité;
Ou si, par des barreaux avares de clarté,
Un foible jour se glisse en ces antres funèbres,
Ils redoublent pour lui les horreurs des ténèbres;
Et, le cœur consumé d'un regret sans espoir,
Il cherche la lumière, et gémit de la voir.

Toutefois, en ces lieux plus d'une cause amène

Les malheureux captifs gémissans dans leur chaîne.

D'un créancier cruel jouet infortuné,

L'un dans ce noir séjour soupire emprisonné.

Ah! rendez-le à son fils, à sa femme chérie;

Votre luxe d'un jour peut suffire à sa vie:

Dieu vous voit, le malheur vous bénit; et ses vœux

Du fond de son cachot vont retentir aux cieux.

Non loin est un mortel que la mélancolie,

Ou l'affreux désespoir, a frappé de folie.

Pouvez-vous, sans pitié pour son malheur affreux,

Comme un vil criminel traiter un malheureux?

S'il est infortuné, faut-il être barbares?

Il est, qui le croiroit? de ces parens avares

Qui, par les longs ennuis d'une triste prison,

Achèvent d'étouffer un reste de raison;

Dont la feinte pitié, qu'un lâche intérêt souille,

D'un parent relégué s'assure la dépouille;

Et, de leur sang qui crie étouffant la douleur,

Calcule la misère, et jouit du malheur.

Ah! si le ciel a mis la pitié dans votre ame,

Pour ces infortunés ma Muse la réclame.

Adoucissons leur sort, traitons avec bonté

Ces malheureux bannis de la société;

De ces mânes exclus des scènes de la vie
Laissons errer en paix la libre fantaisie :
Par de durs traitemens ne l'effarouchons pas ;
Que des objets rians se montrent sur leurs pas ;
Entourons-les de fleurs ; que le cours des fontaines
Roule, nouveau Léthé, l'heureux oubli des peines ;
Et, dans des prés fleuris, sous des ombrages verts,
Offrons-leur l'Élysée, et non pas les Enfers.

Le crime même enfin a des droits sur notre ame :
Souvent, pour expier un attentat infâme,
Des pensers généreux le funeste abandon,
Pour remonter vers eux, n'attend que le pardon ;
Et, le vice épuré par un remords sublime
A nos cœurs étonnés sait arracher l'estime.
Relevez, s'il se peut, son courage abattu :
Le remords quelquefois fait mieux que la vertu.
Eh ! qui ne connoît pas le consolant spectacle
Qu'étale des bandits ce vaste réceptacle,
Cette Botanybay, sentine d'Albion, [13]
Où le vol, la rapine et la sédition
En foule sont vomis ; et, purgeant l'Angleterre,
Dans leur exil lointain vont féconder la terre.
Là, l'indulgente loi, de sujets dangereux
Fait d'habiles colons, des citoyens heureux ;

Sourit au repentir, excite l'industrie,
Leur rend la liberté, des mœurs, une patrie.
Je vois de toutes parts les marais desséchés,
Les déserts embellis, et les bois défrichés.
Imitez cet exemple : à leur prison stérile
Enlevez ces brigands, rendez leur peine utile ;
Et, qu'arrachant aux fers le remords vertueux,
Le pardon change en biens des maux infructueux.
Ou, s'il faut par sa mort que le crime s'expie,
Ah! préparez son cœur : sur cette tête impie
Que la grâce divine épanche ses trésors,
Et sauve au moins son ame en nous livrant son corps.
Dieu lui-même en pitié prend déjà la victime,
Dieu chérit la vertu, mais mourut pour le crime :
Par la terre proscrit, son réfuge est au ciel.
Quels qu'ils soient, n'allez pas, stérilement cruel,
Dans le fatal séjour où la loi les exile,
Aggraver leurs malheurs d'un malheur inutile,
Rendre leurs fers plus lourds, et sans nécessité
Joindre la solitude à la captivité.
Dans ce triste abandon, où lui-même s'abhorre,
Par ses pensers cruels le malheur se dévore.
Ah! laissez arriver ses chers consolateurs,
Et que des pleurs du moins répondent à ses pleurs !

La justice est coupable alors qu'elle est cruelle.

Ton ame le connut ce noble et tendre zèle,

Howard! dont le nom seul console les prisons. [14]

Qu'on ne me vante plus les malheurs vagabonds

De ce roi voyageur, père de Télémaque,

Cherchant pendant dix ans son invisible Ithaque.

Avec un but plus noble, un cœur plus courageux,

Sur les monts escarpés, sur les flots orageux,

Dans les sables brûlans, vers la zone inféconde,

Où languit la nature aux limites du monde,

Aux lieux où du croissant on adore les lois,

Aux lieux où triompha l'étendard de la croix,

Par-tout où l'on connoît le malheur et les larmes,

Suivant d'un doux penchant les invincibles charmes,

Le magnanime Howard parcourt trente climats.

Est-ce la gloire ou l'or qui conduisent ses pas?

Hélas! dans la prison, triste sœur de la tombe,

Ta main vient soutenir le malheur qui succombe,

Vient charmer ces cachots, dont l'aspect fait frémir,

Dont les échos jamais n'ont appris qu'à gémir.

Oubliant et le monde et ses riantes scènes,

Il marche environné du bruit affreux des chaînes,

De grilles, de verroux, de barreaux sans pitié,

Que jamais n'a franchis la voix de l'amitié;

Par cent degrés tournans sous des voûtes horribles,
Plonge jusques au fond de ces cachots terribles,
Habités par la mort, et pavés d'ossemens,
D'un funeste trépas funestes monumens;
Y mène le pardon, quelquefois la justice,
Et par un court trépas abrège un long supplice;
Prête, en pleurant, l'oreille aux maux qu'ils ont soufferts
S'il ne peut les briser, il allège leurs fers.
Tantôt, pour adoucir la loi trop rigoureuse,
Porte au pouvoir l'accent de leur voix douloureuse;
Et, rompant leurs liens pour des liens plus doux,
Dans les bras de l'épouse il remet son époux,
Le père à son enfant, l'enfant à ce qu'il aime.
Par lui, l'homme s'élève au-dessus de lui-même.
Les séraphins surpris demandent dans le ciel
Quel ange erre ici bas sous les traits d'un mortel.
Devant lui la mort fuit, la douleur se retire,
Et l'ange affreux du mal le maudit et l'admire.
Reviens, il en est temps, reviens, cœur généreux;
Le bonheur appartient à qui fait des heureux.
Reviens dans ta patrie, en une paix profonde,
Goûter la liberté que tu donnois au monde:
Ton œil chez aucun peuple, au palais d'aucun roi,
N'a rien vu d'aussi rare et d'aussi grand que toi.

7

Toutefois, quelques soins dont ses mains généreuses
Aient tempéré l'horreur de ces maisons affreuses,
Je m'éloigne, je vole aux asiles pieux,
Des besoins, des douleurs abris religieux,
Où la tendre Pitié, pour adoucir leurs peines,
Joint les secours divins aux charités humaines.
Elle-même en posa les sacrés fondemens.
Mais de ces saints abris, ouvrage des vieux temps,
Souvent la négligence ou l'infâme avarice
Firent de tous les maux l'épouvantable hospice.
Là, sont amoncelés dans des murs dévorans,
Les vivans sur les morts, les morts sur les mourans.
Là, d'impures vapeurs la vie environnée,
Par un air corrompu, languit empoisonnée.
Là, le long de ces lits, où gémit le malheur,
Victime des secours plus que de la douleur,
L'ignorance en courant fait sa ronde homicide,
L'indifférence observe, et le hasard décide.
Mais la Pitié revient achever ses travaux,
Sépare les douleurs, et distingue les maux ;
Les recommande à l'art que sa bonté seconde.
Tantôt, les délivrant d'une vapeur immonde,
Ouvre ces longs canaux, ces frais ventilateurs,
De l'air renouvelé puissans réparateurs.

Par elle un ordre heureux conduit ici le zèle ;
La propreté soigneuse y préside avec elle.
La vie est à l'abri du souffle de la mort ;
Grâce à ses soins pieux, sans terreur, sans remord,
L'agonie en ses bras plus doucement s'achève,
L'heureux convalescent sur son lit se relève,
Et revient, échappé des horreurs du trépas,
D'un pied tremblant encor former ses premiers pas.
Les besoins, la douleur, la santé la bénissent ;
La terre est consolée, et les cieux applaudissent.
Que puissent à jamais les maux, la pauvreté
Dans ces asiles saints bénir la charité !
Mais quel génie affreux de la France s'empare ?
De la destruction le délire barbare
Se promène en tous lieux, et, dans ses noirs transports,
Tourmente les vivans, les mourans et les morts.
Le berceau, le tombeau, la cité, le village,
Le temple somptueux, le modeste hermitage,
Tout subit sa fureur : vous tombez avec eux,
Des maux, de l'indigence, ô refuges pieux !
Où des saints fondateurs la charité sublime
Consacroit la richesse, ou rachetoit le crime.
Je ne vois plus ces sœurs, dont les soins délicats
Appaisoient la souffrance, ou charmoient le trépas

Qui, pour le malheur seul, connoissant la tendresse,
Aux besoins du vieil âge immoloient leur jeunesse.
Leurs toits hospitaliers sont fermés aux douleurs,
Et la tendre Pitié s'enfuit les yeux en pleurs. [15]
Le pauvre des bienfaits voit la source tarie,
Et l'enfant vient mourir sur le seuil de la vie.
Mais, quel secours nouveau, céleste, inespéré,
A l'exil indigent ouvre un port assuré ?
Salut, ô Sommerstown, abri cher à la France !
Là, le malheur encor bénit la providence ;
Là, nos fiers vétérans retrouvent le repos,
Et le héros instruit les enfans des héros ;
Là, près d'un Dieu sévère éclate un Dieu propice.
Quel riche bienfaisant a fondé cet hospice?
A la voix de Carron le luxe s'attendrit ; [16]
Sa vertu les soutient, et son nom les nourrit :
Par lui, pour l'indigent, la douce bienfaisance
Trouve le superflu, même dans l'indigence ;
Et parmi les bannis, ses pieuses moissons
De l'avare opulence ont surpassé les dons.

Et vous, sexe charmant, nourri dans les délices,
Que vous faites à Dieu de touchans sacrifices !
Votre zèle pieux donne l'exemple à tous,
Affronte les dangers, surmonte les dégoûts,

Visite des souffrans les demeures obscures,

Vient soigner une plaie ou fermer des blessures,

De cette même main dont Amour eût fait choix

Pour tresser sa couronne, ou remplir son carquois.

La foi, l'humanité sont par-tout sur vos traces,

Et le lit de douleur est veillé par les Grâces.

Mais quels accens plaintifs ont frappé mes esprits?

J'entends, je reconnois vos lamentables cris,

Enfans infortunés, famille illégitime,

Que le crime a fait naître, et qu'immola le crime.

Ah! si les sages même ont pleuré quelquefois

L'enfant né sous le dais, dans la pourpre des rois,

Et, si pour lui du sort ils ont craint les injures,

Qui peut voir sans pitié ces frêles créatures,

Ces enfans de l'Amour, que la honte a proscrits?

De leur mère jamais ils n'auront un souris;

Ils n'auront point leur part aux caresses d'un père :

Loin d'eux ces noms si doux et de sœur et de frère.

Condamnés en naissant, dans leur triste abandon,

Ils ont reçu le jour, sans recevoir un nom.

D'autres, de leurs aïeux recueillent l'héritage :

Votre pitié, voilà leur unique partage!

Que dis-je? A leur naisance, incertains d'un berceau,

D'une goutte de lait, d'un abri, d'un lambeau

Qui de lèurs membres nus écarte la froidure,
Ah! que la Pitié parle où se tait la nature!
Ne la refusez pas à ces infortunés,
Menacés de mourir au moment qu'ils sont nés.
Nos frères dans le ciel, ils sont ce que nous sommes :
Peut-être ces enfans nous cachent de grands hommes.
De l'intérêt public écoutez donc la voix.
Du sage agriculteur voyez les doux emplois :
De l'orme adolescent il soigne la jeunesse,
Du chêne décrépit rajeunit la vieillesse.
C'est peu : si quelqu'arbuste, à ses regards offert,
Languit abandonné dans le vallon désert,
Aux arbres, de son clos enfans héréditaires,
Il aime à réunir ces tiges étrangères;
Et la plante orpheline, en son nouveau séjour,
Avec ses plants chéris partage son amour.
Sages législateurs, voilà votre modèle.
Remplacez par vos soins la pitié maternelle ;
Conquérez à l'état ces enfans malheureux
Que l'école des arts soit ouverte pour eux;
Donnez, pour les rejoindre à la grande famille,
Au jeune homme un métier, une dot à la fille.
Ainsi, pour Albion naissent des matelots,
Des bras pour le travail, pour les camps des héros;

Ainsi la bienfaisance accueille la misère,
Le riche est leur parent, la patrie est leur mère.
　Cependant en ces lieux, au malheur consacrés,
De la tendre Pitié les droits sont plus sacrés.
Il est, il est des lieux plus étrangers pour elle.
Voyez de loin ces champs, où la guerre cruelle
Dans un ordre effrayant range ses bataillons,
Qui de torrens de sang vont noyer les sillons :
Eh bien ! c'est en ces lieux que je vais la conduire.
Mars, le terrible Mars connoîtra son empire.
Là, la nécessité, dans sa fatale main
Tenant son joug de fer et ses chaînes d'airain,
Trop souvent au soldat ordonne le ravage,
Prescrit l'embrasement et promet le pillage.
Mais la douce Pitié suit en pleurant ses pas,
Elle adoucit ses coups, elle arrête son bras,
Au meurtrier farouche elle arrache ses armes,
Conserve sa chaumière au laboureur en larmes,
Court disputer au feu les hameaux embrasés.
Des escadrons tonnans, dans les rangs écrasés,
Tantôt elle suspend l'épouvantable orage ;
Quelquefois, réclamant pour ses droits qu'on outrage,
Elle crie : « Arrêtez, impitoyables cœurs,
» Qui prodiguez le sang ! Maudits soient les vainqueurs,

» Qui font des malheureux, immolés à leur gloire,

» Le marche-pied sanglant de leur char de victoire! »

Le bronze a-t-il cessé de vomir le trépas?

Dans les champs du carnage elle porte ses pas,

Rend des honneurs touchans aux morts qu'elle console;

De-là, plus prompte encore, elle part, elle vole

Vers le lit de douleur de ces braves guerriers,

Dont le sang des vainqueurs a payé les lauriers;

Des larmes du regret, du suc heureux des plantes,

Arrose, en gémissant, leurs blessures sanglantes.

Tantôt, d'un œil craintif, suit l'acier rigoureux

Qui s'ouvre dans la plaie un chemin douloureux;

Tantôt leur fonde un temple; et, tout près un bois som

Semble un autre Élysée, où vient errer leur ombre.

Tel, au bord de la Seine, à nos yeux éblouis,

S'offre ce monument du plus grand des Louis.

Tel brille ce Greenwich, où l'œil des vieux pilotes

Voit partir, revenir, et repartir les flottes :

Ainsi parlent encor de camps et de vaisseaux,

Les vainqueurs de la terre et les vainqueurs des eaux

Tels encor leurs vieux ans content leurs vieux servic

L'œil voit avec respect leurs nobles cicatrices;

Leurs maux sont adoucis, leur sang est expié,

Et la Victoire en pleurs embrasse la Pitié.

Toutefois dans les camps, sa voix mal entendue,
Pour des cœurs inhumains est bien souvent perdue.
O peuples! vantez-nous et vos arts et vos mœurs :
Mars jamais n'a coûté tant de sang et de pleurs.
Ah! que l'affreux Huron, en mugissant de joie,
Prête à la dévorer, danse autour de sa proie,
Se repaisse en fureur de ses membres tremblans,
Et boive avec plaisir dans des crânes sanglans!
Mais quel génie affreux, quel démon du carnage
Aux modernes héros souffle toute sa rage?
Barbares combattans, plus barbares vainqueurs,
Tout sentiment humain a-t-il fui de leurs cœurs ?
Ces bourreaux beaux esprits, ces sages sanguinaires,
Au théâtre pleuroient des maux imaginaires ;
Et, dans des flots de sang se noyant à loisir,
D'un massacre inutile ils se font un plaisir.
Le front ceint de cyprès, leur hideuse victoire
Etale aux nations l'opprobre de sa gloire.
Le succès, le bonheur ne les attendrit pas ;
Sur des captifs tremblans, échappés au trépas,
Leur triomphe cruel dirige son tonnerre,
Et leur perfide paix ensanglante la terre.
Ah! si le sort, un jour, aux malheureux Français
Envoyoit un moment le pouvoir des bienfaits,

O vous! tristes captifs, délaissés par la France,
Contez-nous quelle main nourrit votre indigence?[17]
Dites-nous maintenant si ces nobles proscrits
Méritoient vos fureurs, méritoient vos mépris?
Dans leurs persécuteurs ils n'ont vu que leurs frères;
Leur misère, en pleurant, a servi vos misères,
Bannis par l'injustice, et Français par le cœur,
Vaincus, ils ont donné des larmes au vainqueur.

   Plus terribles cent fois, et cent fois plus cruelles,
Ces guerres, où le sang teint les mains fraternelles,
Où s'arment en fureur, pour le choix des tyrans,
Sujets contre sujets, parens contre parens.[18]
Là, sous des traits hideux s'offre la race humaine;
Plus forts sont les liens, et plus forte est la haine.
Par la main qu'il chérit chacun est égorgé;
La nature est souffrante, et le sang outragé:
Son cri meurt étouffé; plus de fils, plus de père;
L'ami dans son ami, le frère dans son frère,
Trouvent un assassin; et, dans ce choc affreux,
Toujours les plus vengés sont les plus malheureux.
Ah! qui pourroit tracer ces scènes de carnage?
Les vieillards ne sont point protégés par leur âge,
Le sexe par ses pleurs, les morts par leurs tombeaux;
Et la férocité veut des crimes nouveaux.

Du sein qu'a déchiré leur fureur meurtrière,

L'enfant avant le temps arrive à la lumière ;

Sa mère palpitante expire sous leurs pas ;

Du malheureux qui meurt, ils hâtent le trépas.

Prêtres saints, cachez-vous, fermez le tabernacle ;

Épargnez à mes yeux l'effroyable spectacle

De vos corps déchirés sur vos parvis sanglans !

De la vierge à genoux leur rage ouvre les flancs,

S'irrite sans obstacle, égorge sans colère,

Et, s'il n'est teint de sang, l'or ne sauroit lui plaire.

Tout ce qui du passé gardoit le souvenir,

Tout ce qui promettoit un bonheur à venir,

Tout ce qui du présent accroît la jouissance,

Les monumens des arts, ceux de la bienfaisance,

Tout subit leur fureur : s'il offre un trait humain,

L'airain trouve un bourreau, le marbre un assassin.

Quand le luxe insolent et l'infâme licence

Ont d'un Dieu courroucé provoqué la vengeance,

Alors, laissant dormir la foudre dans ses mains,

C'est ce fléau cruel qu'il envoie aux humains.

En vain Rome à ses lois soumet la terre et l'onde,

La Discorde, au milieu des dépouilles du monde,

Lève sa tête affreuse, et, s'emparant des cœurs,

Du malheur des vaincus vient punir les vainqueurs :

Tant l'abus du pouvoir amène l'esclavage!
Mais pourquoi recourir aux fastes du vieil âge?
   La Vendée! A ce nom la nature frémit,
L'humanité recule, et la Pitié gémit. [19]
La funeste Vendée, en sa fatale guerre,
De Français égorgés couvroit au loin la terre;
Et le sujet des rois, l'esclave des tyrans,
De leur sang répandu confondoient les torrens.
Enfin, entre les camps la trève se déclare;
Soudain tous ont franchi le lieu qui les sépare,
Volent d'un camp à l'autre; à peine on s'est mêlé,
La vengeance s'est tue, et le sang a parlé.
A ces traits, jadis chers, à ces voix qu'ils connoissent,
La tendresse s'éveille, et les remords renaissent.
Les mains serrent les mains, les cœurs pressent les cœur
De leur vieille amitié les souvenirs vainqueurs,
Leur montrent leurs parens ou leurs compagnons d'arm
Ceux de qui les bienfaits essuyèrent leurs larmes,
Ceux qui de leur hymen préparèrent les nœuds,
Ceux qui de leur enfance ont partagé les jeux;
Dans leurs embrassemens leurs transports se confonde
Leurs larmes, leurs soupirs, leurs sanglots se réponde
Des banquets sont dressés; le vin coule à grands flots;
Les chants de l'amitié consolent les échos.

Tout redevient Français, ami, parent et père ;

L'humanité respire, et la nature espère.

Mais du départ fatal le signal est donné ;

Chacun d'eux aussitôt baisse un front consterné ;

Aux cris joyeux succède un lugubre silence ;

Tous, pressentant leurs maux et les maux de la France,

S'éloignent lentement ; et, les larmes aux yeux,

D'un triste et long regard se sont fait leurs adieux.

Mais le remords redouble au milieu des ténèbres ;

Leur sommeil est troublé de fantômes funèbres :

D'un hôte, d'un ami, l'un croit percer le flanc,

L'autre égorger son frère, et rouler dans son sang.

Enfin le jour renaît, et l'airain des batailles

Fait entendre ces sons, signal des funérailles.

Accours, tendre Pitié, préviens ces jeux sanglans ;

Cours, les cheveux épars, vole de rangs en rangs ;

Dis à ces malheureux : « Cruels ! qu'allez-vous faire ?

» Vos bras dénaturés déchirent votre mère.

» Laissez-là ces mousquets, ces piques et ces dards ;

» La nature a maudit vos affreux étendards.

» Hélas ! hier encore, assis aux mêmes tables,

» Votre bouche abjuroit ces lauriers détestables :

» Avez-vous oublié vos doux sermens d'amour ?

» Le ciel à vos combats prête à regret le jour.

» Et moi, si du malheur vous sentez les atteintes,

» Cruels, je fermerai mon oreille à vos plaintes ;

» Je resterai muette, et vos justes malheurs

» A mes yeux vainement demanderont des pleurs.

» Et vous qui, les premiers, provoquant la vengeance,

» Avez des cœurs Français rompu l'intelligence,

» C'est à vous de donner le signal de la paix :

» Vos barbares exploits sont autant de forfaits.

» Assez, pour féconder les palmes de la guerre,

» Des cadavres sanglans ont engraissé la terre.

» Ah ! revenez à vous ; voyez la France en deuil,

» Pleurer de vos lauriers le parricide orgueil :

» Le chemin qui conduit ses enfans aux conquêtes

» Est teint de notre sang, et pavé de nos têtes ;

» Près d'elle sont assis, sur son char inhumain,

» D'un côté le triomphe, et de l'autre la faim.

» Abjurez, il est temps, vos palmes funéraires ;

» Aimez-vous en Français, embrassez-vous en frères ;

» Et qu'aux chants de la mort succèdent, en ce jour,

» Les cris de l'allégresse et les hymnes d'amour.

FIN DU SECOND CHANT.

LA PITIÉ,

POËME.

~~~~~~~~~~~~~~~~~~~~~~~~~~~~~~~~~~~~

CHANT TROISIÈME.

Pourquoi faut-il toujours, qu'en mes tristes tableaux
Ton histoire, ô Pitié! soit celle de nos maux?
J'ai tracé les horreurs de nos guerres civiles,
Funestes dans les camps, combien plus dans les villes!
Les camps sont quelquefois l'école des grands cœurs,
Et souvent les vaincus embrassent les vainqueurs.
Les foudres, les lauriers, l'éclat de la victoire,
Viennent couvrir le deuil des rayons de la gloire.
Pour saisir une palme ils volent aux combats,
Et l'espoir du triomphe ennoblit le trépas.
Mais au sein de nos murs, quand les discordes naissent,
Les pensers généreux, les vertus disparoissent.
Des licteurs pour soldats, des crêpes pour drapeaux,
La victoire pour trône y veut des échafauds.
Tout est vil ou cruel, assassin ou victime,
Et la vertu sans arme y tend la gorge au crime.

O mes concitoyens! comment ont pu vos cœurs
Des camps dans les cités surpasser les fureurs?
Là, tout parle de meurtre; ici tout vous rappelle
A la douce concorde, à la paix fraternelle:
Les mêmes tribunaux jugent vos différends;
Le culte au même autel appelle tous les rangs;
Le théâtre vous voit rire et pleurer ensemble;
Dans vos jours solennels même lieu vous rassemble;
Enfin, tout vous unit: pourquoi donc ces fureurs,
Ces spectacles sanglans, et ces scènes d'horreurs?
Ah! de nos propres mains nous creusant des abîmes,
Nous payons chèrement la dette de nos crimes!
Tant que d'un Dieu suprême on adore les lois,
La Pitié dans les cœurs fait entendre sa voix;
Mais quand un peuple impie outrage sa puissance,
Alors elle se tait [20] : et voilà sa vengeance.
Des vices tout-à-coup se débordent les flots;
Les cœurs sont des volcans, et l'empire un chaos;
Du sang des deux partis la Discorde l'inonde,
Et ses calamités sont la leçon du monde.
Ainsi, le ciel vengeur tour-à-tour immola
Scylla par Marius, Marius par Scylla,
La race des Yorks par celle des Lancastres.
Mais que sont ces malheurs auprès de nos désastre

Hélas! pour oublier ces funestes tableaux,
Quelle main du Léthé nous versera les eaux?
Mais non : que leur récit, au défaut du tonnerre,
Des châtimens du crime épouvante la terre,
Et que l'exemple affreux de nos divisions
D'un salutaire effroi frappe les nations!
Dégagée une fois du lien légitime,
D'abord de maux en maux, bientôt de crime en crime,
La France a pris l'essor, et dans ses attentats
Sa rapide fureur ne se repose pas.
Ainsi, quand d'un berger l'imprudence cruelle
Jette au pied d'un sapin l'invisible étincelle,
Le feu, nourri du suc dont le bois est enduit,
Sous l'écorce onctueuse en secret s'introduit;
Il s'empare du tronc, et, gagnant le feuillage,
Dévore, en pétillant, l'aliment de sa rage;
Il court de branche en branche, il s'élance au sommet,
S'étend de tige en tige, embrase la forêt.
Lui, du haut d'un rocher, voit leurs touffes brûlantes,
Et suit, d'un œil tremblant, les flammes triomphantes.
Tels furent nos destins : ainsi, dans un moment,
Naquit d'une étincelle un vaste embrasement.

    A peine la Discorde, en ses noirs sacrifices,
Du sang de l'innocence a goûté les prémices,

Sa terrible moisson se poursuit en tout lieu :

Les temples des beaux-arts, les demeures de Dieu,

Les lieux où nous prîions les puissances célestes,

Des proscrits entassés sont les dépôts funestes.

Tous les bras sont vendus, tous les cœurs sont cruels.

Image de ces Dieux, la terreur des mortels,

Dont nul n'ose aborder l'autel impitoyable

Que dégouttant du sang de quelque misérable,

L'idole, à qui la France a confié son sort,

N'accepte que du sang, ne sourit qu'à la mort.

Femme, enfant, sont voués à son culte terrible ;

L'innocente beauté pare sa pompe horrible ;

La hache est sans repos, la crainte sans espoir ;

Le matin dit les noms des victimes du soir ;

L'effroi veille au milieu des familles tremblantes ;

Les jours sont inquiets, et les nuits menaçantes.

Imprudent, jadis fier de ton nom, de ton or,

Hâte-toi d'enfouir tes titres, ton trésor !

Tout ce qui fut heureux demeure sans excuse ;

L'opulence dénonce, et la naissance accuse.

Pour racheter tes jours, en vain ton or est prêt ;

Le fisc inexorable a dicté ton arrêt.

L'avidité peut vendre une paix passagère ;

Mais elle veut sa proie, et la veut toute entière.

Ne parlez plus d'amis, de devoirs, de liens ;
Plus d'amis, de parens, ni de concitoyens.
Le fils épouvanté craint l'abord de son père ;
Le frère se détourne à l'aspect de son frère ;
L'amour même est timide ; et, dans cet abandon,
La nature est sans voix sous des lois sans pardon.
Ainsi, quand sur ses pas semant les funérailles,
La mort contagieuse erre dans nos murailles,
Tous les nœuds sont rompus : l'ami dans son ami,
Le frère dans sa sœur, croit voir un ennemi ;
Et, sur ses gonds muets, triste, inhospitalière,
Refuse de tourner la porte solitaire.
Mais quels maux je compare à des malheurs si grands !
On conjure la peste, et non pas les tyrans.
Aux cœurs lâches du moins les tyrans font justice :
Leur crainte, en le fuyant, rencontre le supplice.
Tous, à leur infortune ajoutant le remord,
Séparés par l'effroi, sont rejoints par la mort ;
Et, dans un même char, où sa main les rassemble,
Voisins, amis, parens, vont expirer ensemble ;
A moins que, de la vie incertain possesseur,
L'opprimé tout-à-coup ne se fasse oppresseur.
Son heure vient plus tard ; mais il aura son heure :
Le lâche fait mourir, en attendant qu'il meure.

Ses chefs auront leur tour, leur pouvoir les proscrit ;
Sur leurs tables de mort déjà leur nom s'inscrit.
Robespierre, Danton, iront aux rives sombres
De leur aspect horrible épouvanter les ombres ;
Et Tainville, après lui traînant tous ses forfaits,
Va, dans des flots de sang, se débattre à jamais.
Par-tout la soif du meurtre, et la faim du carnage.
Les arts, jadis si doux, le sexe, le jeune âge,
Tout prend un cœur d'airain : la farouche beauté
Préfère à notre scène un cirque ensanglanté ;
Le jeune enfant sourit aux tourmens des victimes ;
Les arts aident le meurtre, et célèbrent les crimes.
Que dis-je ? La nature, ô comble de nos maux !
De tous ses élémens seconde nos bourreaux.
Dans leurs cachots impurs l'air infecte la vie ;
Le feu dans les hameaux promène l'incendie ;
Et la terre complice, en ses avides flancs,
Recèle par milliers les cadavres sanglans.
A peine elle a peuplé ses cavernes profondes,
La mort infatigable a volé sur les ondes.
Ministres saints ! du fer ne craignez plus les coups,
Le baptême de sang est achevé pour vous.
Par un art tout nouveau, des nacelles perfides
Dérobent sous vos pas leurs planchers homicides ;

Et le jour et la nuit, l'onde porte aux échos
Le bruit fréquent des corps qui tombent dans les flots.
Ailleurs, la cruauté, fière d'un double outrage,
Joint l'insulte à la mort, l'ironie à la rage ;
Et submerge, en riant de leurs civiques nœuds,
Les deux sexes unis par un hymen affreux.
O Loire ! tu les vis ces hymens qu'on abhorre,
Tu les vis, et tes flots en frémissent encore !
Cependant le trépas s'accuse de lenteur ;
Eh bien ! ange de mort, ange exterminateur !
Va, joins les feux aux flots, joins le fer à la foudre :
Maison, ville, habitans, que tout soit mis en poudre !
Qu'enchaînés par milliers, femmes, enfans, vieillards,
Jonchent le sol natal de leurs membres épars !
Là, repose tes yeux sur ce vaste carnage.
Que dis-je ? Aux premiers coups du foudroyant orage
Quelque coupable encor peut-être est échappé :
Annonce le pardon ; et, par l'espoir trompé,
Si quelque malheureux en tremblant se relève,
Que la foudre redouble, et que le fer achève !
Français ! vous pleurerez un jour ces attentats :
Oui, vous les pleurerez ; mais vous n'y croirez pas !

Ah ! dans ces jours affreux, heureuse l'indigence,
A qui l'obscurité garantit l'indulgence !

Eh ! qu'importe au pouvoir, qu'auprès de ses troupeaux
Le berger enfle en paix ses rustiques pipeaux ?
Qu'importe le mortel, dont la table champêtre
Se couronne le soir des fruits qu'il a fait naître ?
Ah ! contre la rigueur d'un pouvoir abhorré,
Pas un asile sûr, pas un autre ignoré !
Pareil à cette énorme et bruyante déesse
Qui voit tout, entend tout, va, vient, revient sans cesse,
De la Proscription le génie odieux
Ayant par-tout des bras, des oreilles, des yeux,
Des cités aux hameaux parcourt la France entière,
Comme aux palais des grands frappe à l'humble chaumière:
Le pauvre en vain s'endort sur la foi de ses maux ;
Le pauvre a ses tyrans, le pâtre a ses bourreaux.
Mais pourquoi s'arrêter à ces malheurs vulgaires ?
Assez d'autres ont peint les douleurs populaires.
Moi-même, il m'en souvient, mes vers compatissans
Cherchoient pour eux les sons les plus attendrissans.
Par moi, du laboureur, étranger à la gloire,
Un simple monument honora la mémoire;
J'encourageois les sons de l'humble chalumeau,
Et portois aux cités les plaintes du hameau.
Mais pourrois-je des grands oublier la souffrance ?
O vous ! cœurs révoltés, que leur éclat offense,

Vainement à leurs maux vous refusez des pleurs,

Plus leur bonheur fut grand, plus grands sont leurs malheurs;

Et moi, qui des bergers ornai jadis la tombe,

Aujourd'hui, des hauteurs d'où la puissance tombe,

Je la suis dans le gouffre, et pleure ses débris.

Que de grands noms éteints, que d'illustres proscrits!

Lamballe a succombé, Lamballe, dont le zèle

A sa reine, en mourant, est demeuré fidèle.

Et ces cheveux si beaux, ce front si gracieux,

Dans quel état, ô ciel, on les montre à ses yeux!

La nature en frémit, et l'amitié tremblante

A des traits si chéris recule d'épouvante.

O Mouchys! expiez votre amour pour vos rois;

Que l'épouse et l'époux périssent à-la-fois.

Je ne t'oublîrai point, toi, dont l'ame sublime

Gardoit un cœur si pur sous le règne du crime,

Chevalier magnanime et guerrier généreux,

Digne héritier du sang de nos antiques preux,

Respectable Brissac! Ah! dans ce temps barbare,

Qui n'aime à retrouver une vertu si rare?

Avec moins de plaisir, les yeux d'un voyageur

Dans un désert brûlant rencontrent une fleur;

Avec moins de transport, des flancs d'un roc aride

L'œil charmé voit jaillir une source limpide.

Modèle des sujets et non des courtisans,

Les vertus du vieil âge honoroient tes vieux ans.

A son roi malheureux quel sujet plus fidèle ?

Hélas ! sous le pouvoir d'une ligue cruelle

Tout fléchissoit la tête, et même la vertu

Baissoit sous les poignards un regard abattu.

Rien n'altéra ta foi, n'ébranla ton courage ;

Mais enfin, à ton tour, victime de leur rage,

Tu passes sans regret, ainsi que sans remord,

Du Louvre dans les fers, et des fers à la mort.

O ville trop coupable ! ô malheureux Versailles !

Son sang accusateur souille encor tes murailles.

Un cortège cruel a feint de protéger

D'infortunés captifs qu'il va faire égorger.

Le char est entouré, les sabres étincellent,

Sur les monceaux de morts les mourans s'amoncellent,

Et, de son sang glacé souillant ses cheveux blancs,

La tête d'un héros roule aux pieds des brigands.

O martyr du devoir, du zèle et de la gloire !

Tant que du nom Français durera la mémoire,

J'en jure par ta mort, tu vivras dans nos cœurs.

Mais combien ton trépas présage de malheurs !

Que je plains de l'État la fortune orageuse !

A peine délaissé par ta main courageuse,

J'entends tomber le trône; et le sang de nos rois,

Hélas! m'offre à pleurer tous les maux à-la-fois:

Le deuil de la beauté, les pleurs de l'innocence,

Les malheurs des vieux ans, les malheurs de l'enfance,

La chûte du pouvoir. Parmi ces grands débris,

Louis frappe d'abord mes regards attendris.

O douleurs! ô Pitié! Quelle grande victime

D'un rang plus élevé descendit dans l'abîme?

Hélas! le vœu public dictoit ses sages lois,

Gouvernoit ses conseils, présidoit à ses choix;

Les Ordres de l'État, convoqués par lui-même,

Sembloient associés à son pouvoir suprême.

O prince malheureux! comment a pu ton cœur,

Respirant les bienfaits, inspirer la fureur?

O jour! jour exécrable, où des monstres perfides

Souillèrent son palais de leurs mains homicides!

J'entends encor ces voix, ces lamentables voix, (26

Ces voix: « Sauvez la reine et le sang de nos rois! »

La reine, à ce signal, inquiète, troublée,

Son enfant dans les bras, s'enfuit échevelée;

Tandis que, de sa porte ensanglantant le seuil,

Sa garde généreuse expire avec orgueil;

Et que, la pique en main, la cohorte infernale

Plonge le fer trompé dans la couche royale.

Le ciel, le juste ciel a conservé ses jours ;

Ah ! puisse-t-il long-temps en protéger le cours !

Enfin, la mort s'appaise, et le meurtre s'arrête ;

Mais le calme bientôt fait place à la tempête.

Le bruit affreux redouble, et des sujets sans foi

Parlent insolemment de conquérir leur roi.

Ils appellent triomphe un crime détestable.

Ah ! comment le tracer, ce départ lamentable ?

De leur palais sanglant ces ôtages sacrés

Descendent à travers leurs gardes massacrés ;

Pour suite des brigands, des bourreaux pour cortège.

Ils traversent les flots d'un peuple sacrilège,

Hérissé de mousquets, de lances et de dards :

Des lambeaux teints de sang forment leurs étendards.

Tout dégoûtans de meurtre, et d'ivresse, et de fange,

Ils marchent : au milieu de l'horrible phalange,

Vient à pas lents ce char, où brillent à-la-fois

Le sang des empereurs et celui de nos rois, [17]

Tout ce que le malheur offre de plus auguste,

Des mères la plus tendre, et des rois le plus juste,

Deux enfans malheureux. O fille des Césars !

Quand, de ses fiers Hongrois cherchant les étendards,

Ta mère vint s'offrir à leur troupe enflammée,

Son enfant dans ses bras lui conquit une armée ;

Et, pâle, l'œil en pleurs, tendant ses foibles mains,

Le tien ne peut fléchir ces monstres inhumains!

Les uns, autour de vous, hurlent leurs chants atroces;

D'autres, sur votre char, portent leurs mains féroces;

Au bout d'un fer sanglant, d'autres lèvent aux cieux

De leurs affreux exploits le trophée odieux,

Ces fronts défigurés, ces têtes pâlissantes,

Des flots d'un sang fidèle encor toutes fumantes.

Que de cris forcenés! que d'imprécations!

Vous marchez au milieu des malédictions.

Du crime soudoyé l'ignorance barbare

Prête sa voix servile au crime qui l'égare;

Et, du peuple à son prince imputant le malheur,

Des maux qu'eux seuls ont faits, accable sa douleur.

Ah! si par les tourmens sa marche est mesurée,

Quels siècles en pourroient égaler la durée?

Abrège, Dieu des rois, ces affreux attentats!

Avance, char fatal; coursiers, hâtez vos pas!

Non : la rage, à plaisir, éternise leur route,

Et la coupe des maux s'épanche goutte à goutte.

Cependant on approche, on découvre ces lieux

Où l'airain reproduit son aïeul à ses yeux :

Il les voit; et leur vue, ô douleur lamentable!

Lui rappelle ce jour, ce jour épouvantable;

Où, dans ce même lieu, l'hymen pâle et tremblant
S'enfuit enveloppé de son voile sanglant;
Et, changeant ses flambeaux en torche sépulcrale,
Vit se couvrir de morts cette enceinte fatale.

Ah! malheureux époux, et plus malheureux roi,
Puisse être, un jour, ce lieu moins funeste pour toi!
Puissions-nous n'y pas voir de plus horribles fêtes!
Enfin, parmi les cris, les dards chargés de têtes,
Entraînant les débris du trône ensanglanté,
Le char fatal arrive au Louvre épouvanté.
Le peuple tient sa proie, et les chefs leur victime!

Ah! peut-être ses maux désarmeront le crime.
Non : de son infortune on aggrave le poids,
Et Louis est captif dans le palais des rois.
O catastrophe horrible! ô douloureux voyage!
Bien différent de ceux où, bordant son passage,
Son peuple pour ses jours levoit au ciel les mains,
Et de fleurs sous ses pas parsemoit les chemins.
Le vieillard consolé bénissoit la lumière,
L'enfant lui sourioit du seuil de la chaumière.

Que les temps sont changés! O vous! sensibles cœurs
Dites s'il est des maux pareils à ses malheurs !
Du pouvoir avili misérable fantôme,
Monarque sans sujets, souverain sans royaume!

Tel qu'un vaisseau battu des flots capricieux,
Est tantôt dans l'abîme, et tantôt dans les cieux;
Il passe tour-à-tour, jouet d'un long orage,
Des honneurs aux affronts, de l'insulte à l'hommage.
Dans sa rage hypocrite, un sénat oppresseur
Mêle à ses cruautés une fausse douceur.
Tel le tigre, en jouant, dans sa barbare joie,
Mord, lâche, ressaisit, et dévore sa proie.
Plus de paix pour son cœur, de trêve à son tourment:
Dans le jardin des rois, s'il respire un moment,
Il marche environné de surveillans barbares,
De l'air commun à tous ses tyrans sont avares;
La haine curieuse assiège son réveil,
· Ses pas, ses entretiens, et jusqu'à son sommeil;
Et, le dernier des rois, le premier des esclaves,
Quand par lui tout est libre, il est chargé d'entraves.
Heureux, lorsqu'en secret, libre dans ses douleurs,
Aux pleurs de son épouse il peut mêler ses pleurs.

   Eh bien! vous qu'offensoit sa puissance suprême,
Des honneurs outrageans de son vain diadême,
Venez! que tardez-vous de dépouiller son front!
Terminez, il est temps, cet éclatant affront.
Tout est prêt: ce n'est plus ce peuple mercenaire,
Par des cris insolens méritant son salaire;

Le Louvre est investi, d'infidèles sujets

Aux brigands de Marseille ont livré son palais.

Je vois couler le sang, j'entends gronder la foudre,

La France est sans monarque, et le trône est en poudre.

O toi! qu'ont fait gémir ces illustres malheurs,

Tendre Pitié, retiens, retiens encor tes pleurs!

Pour des revers plus grands, je réserve tes larmes,

Les lois vont consacrer les attentats des armes.

Hélas! toujours trompé, mais espérant toujours,

Louis à ses tyrans vient confier ses jours.

On l'insulte, on l'outrage, et des décrets funestes

De son titre royal ont déchiré les restes.

Puisse ne point éclore un plus terrible arrêt!

Que dis-je? l'arrêt part, et le cachot est prêt.

O vous! vous, murs cruels, demeures désastreuses,

Je tremble à m'enfoncer sous vos voûtes affreuses!

Non, les revers fameux de tant de potentats,

De l'horrible Whitehall les sanglans attentats,

Ne peuvent s'égaler à cette tour fatale.

Ce n'est plus ce palais, cette prison royale,

Où de la majesté quelques tristes lambeaux

Déguisoient l'infortune, et décoroient ses maux.

Son malheur, en ces lieux, tout entier se consomme;

Destructeur du monarque, il persécute l'homme.

Noirs esprits des Enfers, quel conseil ténébreux
Inventa, dites-moi, ces traitemens affreux?
. Chaque heure a son tourment, chaque instant son outrage;
La ruse aide la force, et l'art guide la rage.
O noms sacrés de père, et d'époux et de fils!
Noms aujourd'hui cruels, noms autrefois chéris,
Vous étiez leurs plaisirs, vous êtes leur torture :
La haine arme contr'eux jusques à la nature.
Malheureux! hâtez-vous de saisir ces momens;
Précipitez du cœur les doux épanchemens ;
Redoublez vos transports, redoublez vos tendresses.
Quels maux ne s'oubliroient dans vos saintes caresses?
Mais c'en est fait : ô cœurs nés pour vous adorer!
Votre malheur commence, il faut vous séparer.
Vos tyrans l'ont voulu ; leur sombre inquiétude
A l'emprisonnement unit la solitude.
Hélas! au milieu d'eux, vos regards consolés
Distinguoient quelquefois des serviteurs zélés ;
Et du moins d'un soupir, triste et muet langage,
A leur roi dans les fers ils envoyoient l'hommage.
Vous ne les verrez plus ; sur Louis et sur vous
Déjà j'entends crier d'inflexibles verroux.
Non : vous ne pourrez plus, trompant la vigilance,
Deviner vos soupirs, vos pleurs, votre silence,

Vous comprendre du geste, et vous parler des yeux.

Sans espoir de se voir, captifs aux mêmes lieux,

Le fils est en exil à côté de son père,

L'époux près de l'épouse, et la sœur près du frère.

Lui seul pleure pour tous. Que dis-je? ô coup du sort!

Son retour dans leurs bras leur annonce sa mort.

Pour le perdre à jamais les tyrans le leur rendent :

Les échafauds sont prêts, et les bourreaux l'attendent.

Oh! qui peut concevoir ces scènes de douleurs,

Ce mélange de cris, de sanglots et de pleurs,

Ces funestes adieux, pleins d'horreur et de charmes?

Chaque mot commencé vient mourir dans les larmes;

Et, par de longs soupirs cherchant à s'exhaler,

Leurs cœurs veulent tout dire, et ne peuvent parler.

Ah! moi-même je sens défaillir mon courage.

D'autres, du jour fatal retraceront l'image;

Dans ce vaste Paris le calme du cercueil;

Les citoyens cachés dans leurs maisons en deuil,

Croyant sur eux du ciel voir tomber la vengeance;

Le char affreux roulant dans un profond silence;

Ce char, qui, plus terrible entendu de moins près,

Du crime en s'éloignant avance les apprêts;

L'échafaud régicide, et la hache fumante;

Cette tête sacrée, et de sang dégouttante,

Dans les mains du bourreau de son crime effrayé,
Ces tableaux font horreur, et je peins la Pitié!
La Pitié pour Louis! il n'est plus fait pour elle.
O vous qui l'observiez de la voûte éternelle,
Anges, applaudissez! il prend vers vous l'essor :
Commencez vos concerts, prenez vos lyres d'or,
Déjà son nom s'inscrit aux célestes annales,
Préparez, préparez vos palmes triomphales!
De sa lutte sanglante il sort victorieux,
Et l'échafaud n'étoit qu'un degré vers les cieux.

Mais d'où vient tout-à-coup que mon cœur se resserre?
Hélas! il faut des cieux revenir sur la terre!
Louis en vain assiste aux célestes concerts;
Les cieux sont imparfaits, son épouse est aux fers.
O mélange touchant de malheurs et de charmes!
Ton nom seul a rouvert la source de mes larmes.
O vous! qui des hauts rangs déplorez les malheurs,
Ah! combien de vos yeux doivent couler de pleurs!
Lorsque des grands revers l'image douloureuse
Joint au pouvoir détruit la beauté malheureuse,
Qui peut voir sans Pitié se flétrir ses attraits,
Et les traits du malheur s'imprimer sur ses traits?
Français, qui l'avez vue, et jeune, et belle, et reine,
Répondez : est-ce là l'auguste souveraine,

Qui donnoit tant d'éclat au trône des Bourbons,
Tant de charme au pouvoir, tant de grâce à ses dons ?
Hélas ! tant qu'elle a pu, dans sa tour solitaire,
D'un auguste captif partager la misère,
Tous deux s'aidoient l'un l'autre à porter leurs douleurs ;
N'ayant plus d'autres biens, ils se donnoient des pleurs.
Une fois arrachée à cet époux fidèle,
Elle vivoit sans lui, mais il vivoit près d'elle.
Ah ! combien ses malheurs se sont appesantis !
Elle n'a plus d'époux, et tremble pour un fils.
Ah ! d'une seule mort si leur rage contente
Respectoit dans ses bras cette tête innocente ;
Si, du soin d'élever cette royale fleur,
Elle pouvoit charmer son auguste douleur !
Mais lui-même, on l'arrache à sa main maternelle ;
Leur prison séparée en devient plus cruelle.
Ses pensers désormais vont se partager tous
Entre les fers d'un fils et l'ombre d'un époux.
Ah ! cruels, désarmez vos rigueurs inhumaines !
Hélas ! elle eut un sceptre, et vous voyez ses chaînes !
Vains discours ! chaque instant voit aggraver son sort.
Prisonnière à côté du tribunal de mort,
On l'immole long-temps, et le coup qui s'apprête
Reste éternellement suspendu sur sa tête.

A cette attente horrible on joint tous les tourmens,

Tout ce qui flétrit l'ame et révolte les sens.

Sans cesse elle respire une vapeur immonde ;

Le froid glace ces mains qu'idolâtroit le monde ;

Un vil grabat succède à des lits somptueux ;

A sa faim qu'éveilloient des mets voluptueux,

On plaint une grossière et sale nourriture, (27)

Et la pourpre des rois a fait place à la bure.

Elle-même, que dis-je? incroyable destin !

S'impose un vil travail ; et, l'aiguille à la main,

Oubliant et Versaille et les pompes du Louvre,

Répare les lambeaux de l'habit qui la couvre.

Ses besoins sont toujours le signal des refus ;

Et son malheur s'accroît d'un bonheur qui n'est plus.

Quoi! les trônes des rois sont-ils donc tous en poudre,

Et l'aigle des Césars a-t-il perdu la foudre ?

Hélas! par-tout l'oubli, l'impuissance ou l'effroi.

Ah! dans cet abandon, tendre Pitié, dis-moi :

N'est-il pas une issue, une route secrète

Qui conduise mes pas vers sa sombre retraite ?

Que je puisse à genoux, adorant ses malheurs,

Au prix de tout mon sang sécher un de ses pleurs !

Mais il n'en est plus temps, l'affreux conseil s'assemble ;

On vient, le verrou crie, on l'entraîne ; je tremble.

C'en est fait : le voici, voici l'instant fatal.

Eh bien ! je vais la suivre au sanglant tribunal !

Moi-même, à haute voix , je dénonce ses crimes :

« Vous, qui fîtes tomber les plus grandes victimes,

» Juges de votre reine! écoutez ses forfaits :

» Sa facile bonté prodigua les bienfaits ;

» Son cœur de son époux partagea l'indulgence ;

» Ce cœur fait pour aimer ignora la vengeance ;

» *J'ai tout vu, j'ai su tout, et j'ai tout oublié.*

» Ce mot inconcevable aux ames sans pitié,

» Ce mot dont la noblesse encouragea le crime,

» Il fut de son grand cœur l'expression sublime.

» Elle fit des heureux, elle fit des ingrats ;

» Tigres! oserez-vous ordonner son trépas ? »

Ah ! leurs horribles fronts l'ont prononcé d'avance,

Mais je n'attendrai point l'effroyable sentence ;

Non, je n'attendrai pas qu'une exécrable loi

Envoie à l'échafaud l'épouse de mon roi.

Non, je ne verrai point le tombereau du crime,

Ces licteurs, ce vil peuple, outrageant leur victime ;

Tant de rois, d'empereurs dans elle humiliés ;

Ses beaux bras, ô douleur ! indignement liés,

Le ciseau dépouillant cette tête charmante ;

La hache..... ah ! tout mon sang se glace d'épouvante.

Non : je vais aux déserts enfermer mes douleurs ;

Là, je voue à son ombre un long tribut de pleurs ;

Là, de mon désespoir douce consolatrice,

Ma lyre chantera ma noble bienfaitrice !

Et les monts, les vallons, les rochers et les bois

En lugubres échos répondront à ma voix.

Et toi, qui, parmi nous prolongeant ta misère,

Ne vivois ici bas que pour pleurer un frère ;

D'un frère vertueux, ô digne et tendre sœur !

Reçois de la Pitié son tribut de douleur.

Ah ! si dans ses revers la beauté gémissante

Porte au fond de nos cœurs sa plainte attendrissante,

Combien de la vertu les droits sont plus puissans !

Sa bonté la rend chère aux cœurs compatissans,

Pour son propre intérêt l'homme insensible l'aime,

Et pleurer sur ses maux, c'est pleurer sur soi-même.

Aussi, des attentats de ce siècle effréné,

Ton trépas, ombre illustre ! est le moins pardonné.

O Dieux ! et quel prétexte à ce forfait infâme ?

Ton nom étoit sans tache, aussi bien que ton ame ;

Ton cœur, dans ce haut rang, formant d'humbles desirs,

Eut les malheurs du trône, et n'eut pas ses plaisirs.

Seule, aux pieds de ton Dieu, gémissant sur un frère,

Sur un malheureux fils, un plus malheureux père,

Tu suppliois pour eux le maître des humains :
Ce ciel, où tu levois tes innocentes mains,
Etoit moins pur que toi. Dieux! quels monstres barbar
Purent donc attenter à des vertus si rares?
Ah! le ciel t'envioit à ce séjour d'effroi.
Va donc, va retrouver et ton frère et ton roi;
Porte-lui cette fleur, gage de l'innocence,
Emblème de tes moeurs, comme de ta naissance;
Mêle sur ce beau front, où siège la candeur,
Les roses du martyre, aux lys de la pudeur.
Trop long-temps tu daignas, dans ce séjour funeste,
Laisser des traits mortels à ton ame céleste :
Pars, nos cœurs te suivront; pars, emporte les vœux
Des peuples et des rois, de la terre et des cieux !

Non moins dignes de pleurs, quand le sort les offeus
La débile vieillesse, et la fragile enfance.
Un enfant, un vieillard! qui peut les voir souffrir?
L'un ne fait que de naître, et l'autre va mourir.
Je pleure avec Priam, quand sa bouche tremblante
Du meurtrier d'Hector presse la main sanglante;
Lorsqu'autour des tombeaux de ses cinquante fils,
D'Hécube, en cheveux blancs, les lamentables cris
Redemandent Pâris, Polixène, Cassandre,
Je partage son deuil, et pleure sur leur cendre.

Tant cet âge si foible est puissant sur nos cœurs!

Mais pourquoi des vieux temps rappeler les douleurs?

Ah! dans ce siècle impie et si fécond en crimes,

Manquons-nous de malheurs, manquons-nous de victimes?

O filles de mes rois, dans quels lieux pleurez-vous?

Quel temple entend les vœux que vous formez pour nous?

Le ciel vous épargna la douleur d'être mères;

Mais que de vos vieux ans les larmes sont amères!

Votre exil, vos rois morts, le trône renversé,

De votre sang royal le reste dispersé;

Il vous restoit un Dieu, son culte et vos prières;

Mais quoi! vos yeux ont vu, par des mains meurtrières,

Les temples du Seigneur de carnage souillés;

Leur pontife proscrit, leurs autels dépouillés.

De vos jours fortunés la mémoire importune,

Hélas! s'envient encor aigrir votre infortune.

De deux siècles brillans vous vîtes la grandeur,

Et le trône et l'autel ont perdu leur splendeur;

Et, pour comble de maux, le sort qui vous outrage

Réservoit ces malheurs au déclin de votre âge!

Quel cœur d'airain pourroit vous refuser des pleurs?

Mais l'enfance sur-tout a des droits sur nos cœurs.

Au fils d'Ochosias, que j'ai donné de larmes!

Pour lui de Josabeth je ressens les alarmes,

J'assemble autour de lui les ministres sacrés.

Tantôt, mes yeux en pleurs, sur le Nil égarés,

Du berceau d'un enfant redoutent le naufrage,

Et je rends grâce au flot qui le rend au rivage.

Tant cet âge est touchant! Mais quel sort inhumain

Du dernier fils des rois égale le destin?

    Je reviens donc à vous, famille infortunée!

Par quelle inconcevable et triste destinée,

Hélas! faut-il toujours que mes lugubres vers

Puisent dans vos malheurs l'exemple des revers?

Louis sur l'échafaud a terminé sa vie;

Son épouse n'est plus, et sa sœur l'a suivie;

D'effroyables malheurs ont banni ses parens;

Seul au fond de sa tour, sous l'œil de ses tyrans,

Un fils respire encore : il n'a, pour sa défense,

Que ses traits enchanteurs, et que son innocence.

Contre tant de foiblesse, a-t-on tant de courroux?

Cruels! il n'a rien fait, n'a rien pu contre vous.

Veille sur lui, grand Dieu! protecteur de sa cause,

Dieu puissant! c'est sur lui que notre espoir repose.

Accueille ses soupirs, de toi seul entendus;

Qu'ils montent vers ce ciel, hélas! qu'il ne voit plus.

Tu connois ses dangers, et tu vois sa foiblesse;

Ses parens ne sont plus, son peuple le délaisse;

Que peuvent pour ses jours ses timides amis?

Les assassins du père environnent le fils :

Sa ruine est jurée. A peine leur furie

Lui laisse arriver l'air, aliment de la vie.

Son courage naissant et ses jeunes vertus

Par le vent du malheur languissent abattus.

Leurs horribles conseils, et leur doctrine infâme,

En attendant son corps, empoisonnent son ame. (29

Déjà même, déjà de sa triste prison

La longue solitude a troublé sa raison.

Quoi! n'étoit-il donc plus d'espoir pour sa jeunesse?

De l'amour maternel l'ingénieuse adresse,

Le zèle, le devoir, pour défendre ses jours,

Étoient-ils sans courage, étoient-ils sans secours ?

Abner sauva Joas ; sous l'œil même d'Ulysse,

Un faux Astianax fut conduit au supplice.

Mais quoi! pour remplacer cet enfant plein d'attraits,

Quel visage enchanteur eût imité ses traits?

L'œil le moins soupçonneux eût percé le mystère,

Et la beauté du fils auroit trahi sa mère.

Aujourd'hui plus d'amis, de sujets, de vengeur;

Chaque jour dans son sein verse un poison rongeur,

Quelles mains ont hâté son atteinte funeste?

Le monde apprit sa fin, la tombe sait le reste.

Ah ! malheureux enfant, ah ! prince infortuné,
Sous quelque chaume obscur pourquoi n'es-tu pas né ?
Pleurez, Français, pleurez tant de maux et de charmes;
Il eût tari vos pleurs, ayant versé des larmes :
Victime d'un long trouble, il eût aimé la paix.

Mais je respire enfin; le règne des forfaits
Sans doute est achevé. De ce sang que j'adore,
Moins à craindre pour eux, un enfant reste encore;
Elle a, sans rien prétendre au trône de nos rois,
Les grâces de son frère, et n'en a pas les droits.
Bénissons ses malheurs; son sexe est sa défense;
Peut-être ils feront grâce à sa foible innocence.
Déjà brille autour d'elle un plus pur horison;
Mais que de pleurs encor vont baigner sa prison !
Où ses parens sont-ils, qu'est devenu son frère ?
Essuîra-t-elle encor les larmes de sa mère ?
Son père est-il vivant, conserve-t-il sa sœur ?
Douter de leur destin est sa seule douceur.
Aucun de ces doux noms n'arrive à son oreille;
Rien n'appaise sa crainte, hélas! et tout l'éveille.
Mais quel jour pur se glisse à travers ses barreaux ?
Le ciel veut-il s'absoudre en terminant ses maux ?
Oui : l'heure est arrivée, un Dieu finit ses peines,
Et de ses belles mains je vois tomber ses chaînes.

Fuis, ô fille des rois! fuis ces scènes d'horreur,
Vole aux champs maternels! Hélas! notre terreur
Ne peut t'offrir encor, sur ton morne passage,
Qu'une pitié captive, èt qu'un muet hommage;
Mais à peine échappée à ce séjour d'effroi,
Les cœurs en liberté vont s'envoler vers toi.
Tous plaindront du malheur l'image attendrissante,
Ces traits décolorés, cette langueur touchante;
Et dans ces yeux, long-temps noyés dans les douleurs,
Chercheront, en pleurant, la trace de tes pleurs.
Et vous, qui, terminant sa triste incertitude,
Devez de tous les coups lui porter le plus rude,
Ah! ménagez son ame, et de tout son malheur
N'allez pas tout d'un coup accabler sa douleur!
Qu'elle implore le ciel; qu'elle invoque, en ses peines,
Pour des maux plus qu'humains, des forces plus qu'humaines!
Qu'on la mène aux autels, qu'on lui montre à-la-fois
Son père à l'échafaud, et son Dieu sur la croix!
Ce Dieu servit d'exemple au courage du père;
Tous deux dans ses malheurs ont soutenu la mère.
Qu'elle soit digne d'eux, en acceptant ses maux!
Cependant de son deuil égayez les tableaux;
Que les fleurs, les gazons, de ses tristes demeures
Lui fassent oublier les languissantes heures!

Déjà les noirs chagrins semblent s'évanouir,
Ses traits se ranimer, son front s'épanouir.
Ainsi l'éclat douteux du crépuscule sombre
Semble insensiblement se dégager de l'ombre,
Et mêle, en colorant la vapeur qui s'enfuit,
Les prémices du jour aux restes de la nuit.

Cependant au milieu de tant de barbarie,
Lorsque, parmi les maux de ma triste patrie,
La timide Pitié n'osoit lever la voix,
Des rayons de vertus ont brillé quelquefois.
On a vu des enfans s'immoler à leurs pères, [30]
Des frères disputer le trépas à leurs frères.
Que dis-je? quand Septembre, aux Français si fatal,
Du massacre par-tout donnoit l'affreux signal,
On a vu les bourreaux, fatigués de carnage,
Aux cris de la Pitié laisser fléchir leur rage,
Rendre à sa fille en pleurs un père malheureux ; [31]
Et tous, couverts de sang, s'attendrir avec eux.
Eh ! dans ces jours d'effroi, de ce sexe timide
Qui n'a point admiré le courage intrépide ?
Viens, oh ! viens terminer cet horrible tableau,
Toi qui donnas au monde un spectacle nouveau,
O toi ! du genre humain la moitié la plus chère.
Une seule dément ton noble caractère ; [32]

Le reste est héroïque, et passe sans effort
Des plaisirs aux douleurs, des douleurs à la mort.
Pas un lâche soupir, pas une indigne larme;
Leur courage leur prête encor un nouveau charme.
Superbe et triomphante à ses derniers momens,
Chacune se choisit ses plus beaux vêtemens;
Comme aux pompes d'hymen au supplice s'apprête,
Et de son jour de mort se fait un jour de fête.
Notre sexe est jaloux de ces traits généreux.
Près d'elles, du trépas l'aspect est moins affreux;
La beauté, sur la mort exerçant son empire,
L'adoucit d'un regard, l'embellit d'un sourire :
On diroit que le ciel met dans ses foibles mains
La gloire de la France, et l'honneur des humains.
Telles, dans la nuit sombre éclatans météores,
Du pôle nébuleux les brillantes aurores
Consolent du soleil, et remplacent le jour.
Quels prodiges de foi, de constance et d'amour !
Tarente, que te veut cet assassin farouche?
A trahir ton amie, il veut forcer ta bouche. (33)
En vain s'offre à tes yeux le sanglant échafaud;
Ta reine, dans les fers, te parle encor plus haut.
Chaque âge, chaque peuple ont eu leur héroïne;
Thèbe eut une Antigone, et Rome une Epponine.

Mais chaque jour nous rend ces modèles fameux.

Rome ne vante plus tes triomphes pompeux!

Ce sexe efface tout; et ton char sanguinaire

A vu moins de héros que son char funéraire :

Il a ses Thraséas, ses Caton, ses Brutus.

Ah! que la Grèce antique, école des vertus,

Ait des filles de Sparte admiré le courage!

Mais vous, charme d'un peuple élégant et volage,

Qui dès vos premiers ans entendîtes toujours

Le son de la louange et le luth des amours,

Sans le faste imposant de l'âpreté stoïque,

Où donc aviez-vous pris cette force héroïque?

O vierges de Verdun! jeunes et tendres fleurs,

Qui ne sait votre sort, qui n'a plaint vos malheurs? [34]

Hélas! lorsque l'hymen préparoit sa couronne,

Comme l'herbe des champs, le trépas vous moissonne!

Même heure, même lieu vous virent immoler:

Ah! des yeux maternels quels pleurs durent couler?

Mais vos noms, sans vengeur, ne seront pas sans gloire;

Non: si ces vers touchans vivent dans la mémoire,

Ils diront vos vertus. C'est peu : je veux, un jour,

Qu'un marbre solemnel atteste notre amour.

Je n'en parerai point ce funèbre Élysée

Qui de torrens de sang vit la terre arrosée.

Loin les jardins de Flore, et l'impur Tivoli,[35]
Par ses bals scandaleux trop long-temps avili,
Où d'infâmes beautés, dans leur profane danse,
A des mânes plaintifs insultent en cadence !
Mais, s'il est quelques lieux, quelques vallons déserts,
Epargnés des tyrans, ignorés des pervers,
Là, je veux qu'on célèbre une fête touchante,
Aimable comme vous, comme vous innocente.
De là j'écarterai les images de deuil;
Là, ce sexe charmant, dont vous êtes l'orgueil,
Dans la jeune saison reviendra chaque année
Consoler par ses chants votre ombre infortunée.
« Salut, objets touchans ! diront-elles en chœur :
» Salut, de notre sexe irréparable honneur !
» Le temps, qui rajeunit et vieillit la nature,
» Ramène les zéphirs, les fleurs et la verdure;
» Mais les ans, dans leur cours, ne ramèneront pas
» Une vertu si rare, unie à tant d'appas.
» Espoir de vos parens, ornement de votre âge,
» Vous eûtes la beauté, vous eûtes le courage;
» Vous vîtes sans effroi le sanglant tribunal,
» Vos fronts n'ont point pâli sous le couteau fatal :
» Adieu, touchans objets, adieu ! Puissent vos ombres
» Revenir quelquefois dans ces asiles sombres !

» Pour vous le rossignol prendra ses plus doux sons,

» Zéphir suivra vos pas, écho dira vos noms :

» Adieu! Quand le printemps reprendra ses guirlandes,

» Nous reviendrons encor vous porter nos offrandes ;

» Aujourd'hui recevez ces dons consolateurs,

» Nos hymnes, nos regrets, nos larmes et nos fleurs ! »

FIN DU TROISIÈME CHANT.

LA PITIÉ,
POËME.

~~~~~~~~~~~~~~~~~~~~~~~~~~~~~~~~~~~~

CHANT QUATRIÈME.

A combien de fléaux le ciel livra le monde !
Ici, des champs entiers sont submergés sous l'onde ;
Ailleurs, le volcan tonne, et ses horribles flancs
Dévorent les palais et les temples brûlans ;
Tantôt, les ouragans, plus prompts que le tonnerre,
D'un immense débris couvrent au loin la terre.
Maïs du monde tremblant ces horribles fléaux,
Des révolutions n'égalent point les maux.
Au lieu de cette douce et puissante habitude,
Qui de nos passions endort l'inquiétude ;
Au lieu de ce respect, conseiller du devoir,
Dont l'heureuse magie entoure le pouvoir,
D'un sénat oppresseur les lois usurpatrices
Gouvernent par la peur, règnent par les supplices.
Quelques abus font place à des malheurs plus grands ;
Et des débris d'un roi naissent mille tyrans.

13

La France, que le monde avec effroi contemple,
En offre dans ses chefs l'épouvantable exemple.
De notre liberté despotiques amis,
Où sont-ils ces beaux jours qu'ils nous avoient promis?
La misère est pour nous, et pour eux l'opulence.
Sur la chûte du trône élevant leur puissance,
D'un front jadis rampant ils affrontent les cieux.
Un moins hideux spectacle affligeroit les yeux,
Si, changés tout-à-coup en d'informes ruines,
Les bois baissoient leur tête, et levoient leurs racines.
Hélas! depuis ce jour, si fécond en forfaits,
Où le crime vainqueur vint s'asseoir sous le dais,
Où le bonnet sanglant remplaça la couronne,
De quels maux inouis l'essaim nous environne!
Par ce premier malheur, que de maux enfantés!
L'œil en pleurs, le sein nu, les bras ensanglantés,
La France, qu'envioient les nations voisines,
Des ruines du monde accroissant ses ruines,
De son corps gigantesque étale en vain l'orgueil :
Assemblage hideux de victoire et de deuil!
Ses biens de tous les maux renferment la semence:
Son calme est la terreur, et sa paix l'impuissance.
Mais hélas! des malheurs où l'État est plongé,
Le plus affreux n'est pas l'empire ravagé.

Ses enfans dispersés aux quatre coins du monde,
De toutes ses douleurs, voilà la plus profonde.
Doublement affligée, elle pleure en son cœur
L'injustice des uns, des autres le malheur.
Qu'il est dur de quitter, de perdre sa patrie ?
Absens, elle est présente à notre ame attendrie ;
Alors on se souvient de tout ce qu'on aima,
Des sites enchanteurs dont l'aspect nous charma,
Des jeux de notre enfance, et même de ses peines.
Voyez le triste Hébreu, sur des rives lointaines,
Lorsqu'emmené captif chez un peuple inhumain,
A l'aspect de l'Euphrate il pleure le Jourdain ;
Ses temples, ses festins, les beaux jours de sa gloire
Reviennent tour-à-tour à sa triste mémoire ;
Et les maux de l'exil et de l'oppression
Croissent au souvenir de sa chère Sion.
Souvent, en l'insultant, ses vainqueurs tyranniques
Lui crioient : « Chantez-nous quelqu'un de ces cantiques
» Que vous chantiez aux jours de vos solemnités ! »
« Ah ! que demandez-vous à nos cœurs attristés ?
» Comment chanterions-nous aux terres étrangères ?
» Répondoient-ils en pleurs. O berceau de mes pères !
» O ma chère Sion ! si tu n'es pas toujours
» Et nos premiers regrets, et nos derniers amours

» Que nous restions sans voix , que nos langues séchées

» A nos palais brûlans demeurent attachées !

» Sion, unique objet de joie et de douleurs,

» Jusqu'au dernier soupir, Sion, chère à nos cœurs !

» Quoi ! ne verrons-nous plus les tombes paternelles,

» Tes temples, tes banquets, tes fêtes solemnelles ?

» Ne pourrons-nous un jour, unis dans le saint lieu,

» Du retour de tes fils remercier ton Dieu ? »

    Ainsi pleuroit l'Hébreu : mais du moins par ses frères

Il n'étoit point banni du séjour de ses pères.

Ah! combien du Français le sort est plus cruel ! [36]

Chassé par des Français loin du sol paternel,

Il fuit sous d'autres cieux ; et, pour comble de peine,

De sa patrie ingrate il emporte la haine.

O ciel ! à ce départ, que de pleurs, de regrets !

Chacun quitte ses biens, ses travaux, ses projets.

L'un, cent fois s'éloignant et revenant encore,

Pleure, en fuyant, ses bleds qui commençoient d'éclor

L'autre, de ses jardins les bosquets enchantés,

L'autre, ses jeunes ceps nouvellement plantés,

Avant d'avoir pressé dans la cuve fumante

De ses premiers raisins la vendange écumante.

A ses livres choisis l'autre fait ses adieux ;

L'autre baigne de pleurs son réduit studieux ;

Et, loin du lieu chéri, confident de ses veilles,

De sa Muse exilée emporte les merveilles.

Bientôt d'affreux encans dispersent au hasard

Les chefs-d'œuvres du goût, les prodiges de l'art.

Le Dieu du mal sourit à ces honteux ravages.

Mais, parmi ces hideux et cruels brigandages,

Du moins le cri du sang est peut-être écouté ;

Dans les temps du malheur la tendre parenté

Des secours mutuels doit resserrer les chaînes,

Mettre en commun ses biens, ses larmes et ses peines.

Mais non : à l'intérêt tout est sacrifié,

Tout lien est rompu, tout devoir oublié.

Aux besoins de l'exil le fils livre sa mère,

Le frère s'enrichit des dépouilles du frère.

O honte ! le lion protège son enfant,

Son amour le nourrit, sa fureur le défend ;

Le tigre affreux lui-même écoute la nature,

A sa famille horrible il porte sa pâture :

Et, barbare héritier de ses enfans bannis,

Le père sans horreur boit le sang de ses fils !

Lâches diffamateurs de la nature humaine,

De votre dureté vous porterez la peine !

Je flétrirai vos noms, hommes vils ; et mes vers

Iront de votre crime effrayer l'univers !

Ma Muse réunit, en fille de mémoire,
La coupe du mépris et celle de la gloire.
L'opprobre vous attend : oui, son juste courroux,
Barbares, à grands flots la répandra sur vous ;
Et le remords rongeur, la honte vengeresse,
Au milieu de votre or vous poursuivront sans cesse !
Allez donc, délaissez vos amis, vos parens !
Moi, je cours, je m'attache à leurs destins errans.
Ah ! des champs paternels quand le sort les exile,
Muse, à ces malheureux nous devons un asile !
Viens donc à la Pitié prêter encor ta voix :
Attendris les sujets, intéresse les rois !
Que de les accueillir chacun brigue la gloire,
Raconte de leurs maux l'attendrissante histoire ;
Dis combien du malheur les titres sont sacrés ;
Qu'ils trouvent sur leurs pas tous les cœurs préparés !
Eh ! c'est à vous, d'abord, à vous que je m'adresse,
Français, jadis en proie à la même détresse,
Quand des dogmes rivaux le choc religieux
Vous bannit par milliers du sol de nos aïeux !
O France ! des partis déplorable théâtre !
Que maudit soit le jour, où ta haine marâtre,
En foule, de ton sein, rejeta tes enfans !
De ton affreux succès nos voisins triomphans,

Reçurent nos guerriers, nos arts, notre industrie;

Et cette plaie horrible est à peine guérie,

Que le parti vaincu, de son pouvoir surpris,

Du vainqueur en cent lieux disperse les débris.

Tant de l'ame ulcérée, étouffant l'indulgence,

La vengeance toujours enfante la vengeance!

Quoi donc! trop peu de maux assiègent-ils nos jours!

La vie est si pénible, et ses plaisirs si courts!

Tout tremble, tout gémit dans ce lieu lamentable,

Hélas! et sur les bords du gouffre inévitable,

Suspendus un instant, les mortels furieux

Se poussent dans l'abîme, ou s'égorgent entr'eux.

Insensés! laissez-là vos luttes désastreuses,

Des ligues, tour à tour, victimes malheureuses;

L'un à l'autre aujourd'hui pardonnez vos malheurs,

Et que vos souvenirs soient noyés dans vos pleurs!

O vous! que le destin fit les maîtres du monde,

Princes, rois, c'est sur vous que notre espoir se fonde;

La vertu malheureuse et cachant ses douleurs,

Vous demande un asile, et non pas des vengeurs:

Tous ces proscrits ont droit à votre bienfaisance;

Et pour eux, et pour vous, honorez leur constance!

Celui dont le respect vous adresse sa voix,

Aux jours de son bonheur, accueilli par les rois,

Oublié dans ses maux, vous demeura fidèle;
Mais tous, n'en doutez point, n'ont pas le même zèle.
Non, non : le temps n'est plus, où la soumission,
D'un amour idolâtre heureuse illusion,
Environnoit le trône : une raison hardie,
De ce vieil univers nouvelle maladie,
Calcule ses devoirs, et discute vos droits;
Sous la pourpre avilie interroge les rois,
Désenchante l'esprit, et paralyse l'ame;
Du feu chevaleresque éteint la noble flamme;
De l'état social désordonne les rangs;
Des grands et des petits, des amis, des parens,
Des rois et des sujets, brisent l'antique chaîne.
Gardez-vous donc d'offrir la scandaleuse scène
De ces cœurs généreux punis d'aimer leurs lois :
L'avenir, du présent, se venge quelquefois.
Un faux amour de paix enfante les orages,
Et la faute d'un jour pèse sur tous les âges.
Redoutez du moment le conseil mensonger :
Un excès de prudence est souvent un danger.
Des affronts faits aux siens, qu'il combat et qu'il aim
Le Français, croyez-moi, s'indigneroit lui-même.
Pour n'être point trahis, ne soyez point ingrats!
Et toi, tendre Pitié! parcours tous les États;

Va, parle; et, s'il en est que la terreur arrête,
Dis-leur : « N'espérez pas conjurer la tempête;
» De l'anarchie un jour vous sentirez les coups,
» Et leurs maux dédaignés retomberont sur vous. »
Laissez donc de l'effroi la molle complaisance;
Par votre courageuse et noble bienfaisance,
Obtenez des bons cœurs un généreux retour,
Et semez les bienfaits, pour recueillir l'amour.

Que d'autres, des guerriers éternisent la gloire;
Attèlent la terreur au char de la victoire;
Bien plus heureux celui qui chante l'amitié,
La vertu généreuse, et sur-tout la Pitié!

O Virgile! ô mon maître, ô délices du monde!
Je reviens donc à toi. Dans ta muse féconde,
D'autres admireront le langage des Dieux,
Ta force, ta douceur, ton vers mélodieux;
Mais ce qui te rend cher aux ames bienfaisantes,
Ah! c'est de la Pitié tes peintures touchantes.
Eh! regardez Didon; lorsqu'aux bords lybiens,
Un orage a poussé le héros des Troyens,
Pour la mieux préparer à plaindre sa misère,
Sous des traits empruntés, l'Amour, son jeune frère,
Le plus beau des enfans, le plus puissant des Dieux,
A cette reine encor n'a pas lancé ses feux.

Elle n'a pas encor, dans sa veille amoureuse,
Écouté du héros l'histoire douloureuse ;
Mais déjà le malheur est sacré dans sa cour,
Et la Pitié chez elle a devancé l'Amour.
« Venez, nobles bannis, leur dit-elle avec joie ;
» Carthage hospitalière est l'asile de Troie.(37
» Le destin vous poursuit, c'est assez pour mon cœur :
» Malheureuse, j'appris à plaindre le malheur. »
Pour ces mêmes bannis, jouets d'un sort funeste,
Qui ne connoît l'accueil du généreux Aceste ?
Bon roi, tendre parent, il n'a pas oublié
Que les chaînes du sang avec eux l'ont lié.
A peine il les a vus du haut de la colline,
Vers eux, à pas pressés, le vieillard s'achemine :
Ses trésors, son palais, ses ports leur sont ouverts ;
Il gémit sur leurs maux, console leurs revers,
Encourage leurs jeux, solennise leurs fêtes.
Sont-ils prêts à braver de nouvelles tempêtes ?
Du nectar de Sicile il emplit leurs vaisseaux,
Et ses regards long-temps les suivent sur les eaux. (38
Récits charmans, pourquoi n'êtes-vous que des fables ?
Mais Virgile exprimoit des plaisirs véritables.
Ah ! sans doute il sentoit ce qu'il chantoit si bien,
Et dans le cœur d'Aceste il nous peignoit le sien.

Et même, entre ennemis, que son vers, plein de charme,
Peint bien cette Pitié dont la voix les désarme!
Qui ne sait d'Ilion les terribles combats,
Quand Achille aux Troyens envoyoit le trépas,
Les poussoit dans leurs camps, ou contre leurs murailles.
Écrasoit leurs débris, échappés aux batailles?
On combattit dix ans : mais, contre la Pitié,
Que peut des nations la longue inimitié?
Avec peine échappé des coups de Poliphème,
Le Grec Achéménide, en sa misère extrême,
Arraché par la faim du fond de son rocher,
Voit le chef des Troyens, et tremble d'approcher.
Quelques tristes lambeaux, qu'attachent des épines,
Composent ses habits; des glands et des racines
Alimentent ses jours; sur ses pieds chancelans,
Maigre et pâle fantôme, il se traîne à pas lents.
Tout-à-coup il s'écrie : « Abrégez mon supplice,
» O Troyens! vous voyez un compagnon d'Ulysse. (39)
» Percez-moi de vos traits, plongez-moi dans les flots,
» Vous me devez la mort. » Le Troyen, à ces mots,
S'émeut, verse des pleurs, le recueille avec joie,
Et la mer voit un Grec sur les vaisseaux de Troie.
Tant la Pitié touchante a des droits sur nos cœurs!
Vous donc, de mon pays généreux bienfaiteurs,

Acceptez mon encens! Qu'à travers cette scène
De partis turbulens, de discorde et de haine,
Avec un son plus tendre et des accens plus doux,
Nos vœux reconnoissans arrivent jusqu'à vous!

　　Pontife des Liégeois, accepte mon hommage;
Le plus près du Volcan, tu défias l'orage:
Tes États sont bornés, et tes dons infinis.
La Haye, Anspach, Neuwied, sont peuplés de bannis,
Salut, murs de Constance! Et toi, daigne m'entendre,
Waldeck, homme éclairé, prince aimable, ami tendre!
Je ne te vis jamais: par l'estime dicté,
Mon vers par tes faveurs n'est point décrédité; (4°
Tu ne commandes point à de vastes provinces;
Mais mon cœur t'a choisi dans la foule des princes,
Lorsque vingt nations dévoroient nos débris,
Dans un encan barbare achetés à bas prix,
Leurs remparts se fermoient à la France exilée;
L'humanité te vit, et sourit consolée.
D'autres ont des jardins, des palais somptueux,
Le monde entier vient voir leurs parcs voluptueux;
Mais des pas d'un Français l'on n'y voit pas l'empreint
On craindroit que ses maux n'en souillassent l'enceint
Ah! ces jardins pompeux et ces vastes palais
Valent-ils un des pleurs taris par tes bienfaits?

Tombez devant ce luxe, altières colonnades;
Croulez, fiers chapitaux, orgueilleuses arcades;
Et que le sol ingrat d'un ingrat possesseur
Soit sec comme ses yeux, et dur comme son cœur!
Mais vous, soyez bénis, vous, peuples magnanimes,
Qui de nos oppresseurs réparates les crimes!
Toi, sur-tout, brave Anglais, libre ami de tes rois,
Qui, mettant ton bonheur sous la garde des lois,
Des partis dans ton sein vois expirer la rage:
Ainsi que sur tes bords vient se briser l'orage!
Ce ne sont plus ici ces asiles cruels,
Où des brigands cachés à l'ombre des autels,
Où l'assassin souillé du sang de sa victime,
Demandoient aux lieux saints l'impunité du crime.
Contre le vil brigand et l'infâme assassin,
Albion au malheur ouvre aujourd'hui son sein.
Là, viennent respirer de leur longue souffrance
Ces dignes magistrats, oracles de la France;
Là, des guerriers fameux embrassent leurs rivaux;
Là, ces ministres saints, échappés aux bourreaux,
Protégés par la loi, gardent leur culte antique:
Sion dans son exil chante le saint cantique.
Et l'une et l'autre église abjurent leurs combats,
Et la fille à sa mère ouvre en pleurant les bras.

Pour corriger encor la fortune ennemie,
Du vénérable Oxford l'antique académie
Multiplia pour vous ce volume divin, [4]
Que l'homme infortuné ne lit jamais en vain ;
Qui, du double évangile ancien dépositaire,
Nous transmit de la foi le culte héréditaire ;
Vous montre un avenir, fait, des palais du ciel
Dans vos humbles réduits, descendre l'Éternel ;
Console votre exil, charme votre souffrance,
Nourrit la foi, l'amour, la céleste espérance ;
Présent plus précieux, et plus cher mille fois,
Que les trésors du monde et les bienfaits des rois !
Plus de rivalité, de haine, ni d'envie ;
Au banquet fraternel Albion nous convie ;
Son sein s'ouvre pour tous, et ne distingue plus
Les fils qu'elle adopta de ceux qu'elle a conçus.
Telle, une terre heureuse à tous les plants du monde
Se montre hospitalière ; et sa sève féconde
Nourrit des mêmes sucs l'arbre qu'elle enfanta,
Et le germe étranger que l'orage y porta.
Poursuis, fière Albion, fais bénir ta puissance !
Tous les honneurs unis forment ta gloire immense :
Le monde tributaire entretient ton trésor ;
Le Nord nourrit tes mâts, l'Inde mûrit ton or ;

La France avec ses vins te verse l'allégresse;
Tes lois sont la raison; tes mœurs sont la sagesse,
Tes femmes la beauté, leurs discours la candeur,
Leur maintien la décence, et leur teint la pudeur.
Tu joins les fruits des arts aux dons de la fortune,
Le tonnerre de Mars au trident de Neptune.
Tantôt, foulant aux pieds l'athée audacieux,
C'est Minerve s'armant pour la cause des Dieux;
Tantôt, fille des mers, belle, fraîche et féconde,
C'est Vénus s'élevant de l'empire de l'onde.
Jouis, fière Albion; mais, dans ta noble ardeur,
Mets un frein à ta force, un terme à ta grandeur.
Carthage, attaquant Rome, expia cet outrage;
Rome hâta sa chûte, en renversant Carthage.
Les Indes, les deux mers, tout a subi ta loi:
Il ne te reste plus qu'à triompher de toi.

  Parmi les bienfaiteurs de ma triste patrie,
Pourrois-je t'oublier, terre que j'ai chérie?
O malheureuse Suisse! Eh! comment oublier
Tes cascades, tes rocs, ton sol hospitalier?
Non, non: je l'ai promis à l'aimable Glairesse, [42]
Beaux lieux qui nourrissoient ma poétique ivresse,
J'ai juré sur ces monts, et je tiens mon serment,
De payer mon hommage à ton site charmant.

Amoureux des torrens, des bois, des précipices,
Dans quel ravissement je goûtois leurs délices!
De leurs âpres hauteurs lentement descendu,
Que j'aimois ce beau lac à mes pieds étendu,
Ces bosquets de Saint-Pierre, île délicieuse,
Qu'embellit de Rousseau la prose harmonieuse! (43
Bords heureux! aux proscrits, en vain nos oppresseur
Ont de votre séjour envié les douceurs,
Et, menaçant de loin vos frêles républiques,
Ont envoyé contr'eux leurs arrêts tyranniques; (44
Chacun de vos rochers cachoit un malheureux.

Hélas! pour leur patrie ils n'avoient que leurs vœux
Malheureux, le destin put vous être infidèle;
Mais il reste une palme, et plus rare et plus belle.
Si Mars, dans les combats, n'a vu votre valeur,
Eh bien! par la vertu subjuguez le malheur;
Et, de tant de revers, quand le poids vous opprime,
Français, privés de tout, gardez du moins l'estime!
Si tous ne sont pas nés pour combattre en héros,
Tous peuvent par leurs mœurs consacrer leur repos.
Supportez vos défauts, entr'aidez vos misères,
N'allez pas étaler aux terres étrangères
De l'animosité les scandaleux éclats:
On ne plaint pas long-temps ceux qu'on n'estime pas.

Mais sur-tout des bienfaits usez avec noblesse :
L'honneur est une fleur que peu de chose blesse.
Gardez-vous d'ajouter à tant d'autres fléaux,
Le malheur bien plus grand de mériter vos maux.
Armez d'un juste orgueil votre illustre infortune :
La Pitié se retire, alors qu'on l'importune.
Faites plus : s'il se peut, ne devez rien qu'à vous ;
Luttez contre le sort ; que d'un regard jaloux,
Même au sein du malheur, le luxe vous contemple !
Déjà plus d'un banni vous en donne l'exemple.
Combien l'Europe a vu d'illustres ouvriers
S'exercer avec gloire aux plus humbles métiers !
La beauté, que jadis occupoit sa parure,
Pour d'autres que pour soi dessine une coiffure ;
L'une brode des fleurs, l'autre tresse un chapeau ;
L'une tient la navette, et l'autre le pinceau.
Le marquis sémillant au comptoir est tranquille ;
Plus d'un jeune guerrier tient le rabot d'Émile ;
Le modeste atelier, au sortir du saint lieu,
Reçoit avec respect le ministre de Dieu.
Que dis-je ? ce poëme, où je peins vos misères,
Doit le jour à des mains noblement mercenaires ;
De son vêtement d'or un Caumont ⁽⁴⁵⁾ l'embellit,
Et de son luxe heureux mon art s'enorgueillit.

15

Tairai-je ces mortels qui, las d'un long orage,
Et de leur désespoir empruntant leur courage,
Bien loin de cette Europe en proie aux factions,
Loin des débris sanglans de tant de nations,
Dans un autre univers portant leur industrie,
Ont, par un long adieu, salué leur patrie?
Ah! quand ces malheureux, doublement exilés,
Vont chercher un asile en des bords reculés,
Sur eux, tendre Pitié, tu veilleras sans doute:
Pourvois à leurs besoins, et dirige leur route!
Sauve-les des écueils, des flots capricieux!
Et, si des bords lointains présentent à leurs yeux
Quelqu'heureux coin de terre, où des bois, une source,
Leur offre un doux hospice; arrête-là leur course!
Là, profitant du ciel, du site et des hasards,
Qu'instruit par les besoins, l'homme invente les arts;
Que puissent autour d'eux, dans un beau paysage,
Les côteaux, les vallons, et les eaux et l'ombrage,
Par quelque doux rapport, retracer à leurs yeux
De leur séjour natal l'aspect délicieux!
Pour rendre, s'il se peut, leur triste exil moins rude,
Que des enfans chéris charment leur solitude;
Que leur mère avec eux console leurs revers:
Avec ce doux cortège il n'est plus de déserts!

Un jour peut-être, un jour, sur ce lointain rivage,
Quelque banni viendra, suspendant son voyage,
Chercher les pas de l'homme; et, de leurs longs travaux,
Tous deux, en les contant, soulageront les maux.
Et, si c'est un Français, Dieux! quelle douce ivresse!
Que de transports de joie, et de pleurs d'allégresse!
De récits commencés, suspendus et repris!
Ah! si de tels momens on sent par-tout le prix,
Combien ils sont plus chers, si loin de sa patrie!
Telle je nourrissois ma douce rêverie,
Lorsque de deux Français le sort miraculeux
M'apprend que le destin réalise mes vœux. [16]

Craignant de son pays la discorde fatale,
Un Français avoit fui de sa terre natale;
Il l'aimoit, et cent fois vers ces climats chéris,
En partant, il tourna ses regards attendris.
Mais, pour mieux oublier leur misère profonde,
Son cœur, entr'eux et lui, mit les gouffres de l'onde.
Il partit, il courut, d'un regard curieux,
Reconnoître la terre, étudier les cieux.
De nombreux végétaux, dans sa course intrépide,
Avoient déjà grossi son porte-feuille avide.
Il observoit les vents, interrogeoit les mers,
Leurs rives, leurs reflux et leurs courans divers.

Tantôt, de l'Océan ramené sur la rive,
Le Mercure captif, à sa vue attentive,
Des monts entre ses mains mesuroit la hauteur,
Et des vagues de l'air jugeoit la pesanteur,
Tantôt, les monumens, les ruines antiques,
Les animaux divers, sauvages, domestiques,
Les mœurs des nations, leur commerce, leurs lois,
De mille objets nouveaux lui présentoient le choix.
Tantôt, quittant la plage, et revenant sur l'onde,
Sa main tenoit la montre, et l'aiguille, et la sonde;
Et la nature et l'homme, et la terre et les eaux,
Varioient à ses yeux leurs mobiles tableaux.
Enfin il touche aux bords, où des peuples sauvages
De l'immense Amazone habitent le rivage.
Magnifique séjour, où des champs plus féconds,
Des fleuves plus pompeux, de plus superbes monts,
Dans toute sa grandeur étalent la nature!
Un jour que dans ces lieux il erre à l'aventure,
Tout-à-coup à ses yeux, par un heureux hasard,
Se présente un chemin tracé des mains de l'art.
Il avance, étonné, sous des voûtes d'ombrage;
Par degrés s'adoucit la nature sauvage;
Déjà même un logis se présente à ses yeux,
Qu'environne l'enclos d'un verger spacieux.

Il s'arrête enchanté : tout-à-coup, ô merveille!

Les sons d'un chant français ont frappé son oreille.

Trois fois, plein de surprise, il écoute ; et trois fois

Arrive jusqu'à lui cette touchante voix.

Son cœur bat de plaisir, ses yeux versent des larmes :

Jamais accent humain n'eut pour lui tant de charmes!

« Des Français sont ici, s'écria-t-il soudain ;

» Je verrai des Français! » Il dit, suit son chemin ;

Il approche, il arrive auprès d'un humble hospice ;

Il entre, il apperçoit une blanche génisse :

Une femme charmante, assise à ses côtés,

Exprimoit de son lait les ruisseaux argentés ;

Avec un air de nymphe, un habit de bergère,

Un maintien distingué sous sa robe légère :

Tout l'étonne : du lys son teint a la fraîcheur,

Du lait qu'elle exprimoit ses mains ont la blancheur.

Tous deux se sont fixés dans un profond silence ;

Enfin, un double cri des deux côtés s'élance :

Quoi! c'est vous; quoi! c'est vous! Viens, accours, cher ami!

C'est notre cher Frémon, c'est lui-même , c'est lui!

Le jeune époux accourt : Dieux! quels élans de joie!

Dans leurs embrassemens tout leur cœur se déploie.

Les pleurs que tous les deux, l'un pour l'autre, ont versés,

Et leur bonheur présent, et leurs malheurs passés,

Sur ces bords éloignés leur rencontre imprévue :
Tout accroît leur transport. Durant cette entrevue,
Le vieux chien du logis, en des temps plus heureux
Leur compagnon de chasse et témoin de leurs jeux,
Par des cris, par des bonds, marquant son allégresse,
Revient de l'un à l'autre, et pleure de tendresse.
A peine à l'étranger, défaillant de langueur,
Un modeste repas eut rendu sa vigueur,
Aux bras de son ami tout-à-coup il s'élance :
« Cher ami, satisfais à mon impatience,
» Conte-moi ton départ, ton exil, ton bonheur ;
» Oui, je veux tout savoir, tout entendre : mon cœur
» Déjà vole au-devant des récits que j'implore :
» Ah! mon plus grand bonheur est de te voir encore!
» Le plus grand de mes maux, de douter de ton sort! »
— « Tu veux savoir le mien ; ami, je suis au port.
» Vois ces riches côteaux, cette belle campagne,
» Ce fruit de nos amours, ma fidèle compagne,
» Le hasard fortuné qui t'amène en ces lieux :
» Cher ami, puis-je assez remercier les Dieux ?
» Mais, puisque sur mon sort, sur tout ce qui me touch
» Tu veux que l'amitié s'explique par ma bouche,
» Je raconterai tout. Quand la mort, la terreur
» Eurent changé la France en théâtre d'horreur,

» Ces spectacles sanglans fatiguèrent mon ame ;

» Avec peine échappé de ce séjour infâme,

» Je partis. Ces beaux lieux, empire du soleil,

» Ces monts majestueux, ce ciel pur et vermeil,

» Ces fleuves à grand bruit précipitant leurs ondes,

» Le sol luxuriant de ces plaines fécondes,

» Dès long-temps m'enflammoient du desir curieux

» De voir, de parcourir, d'interroger ces lieux.

» Un vaisseau m'apporta sur cet heureux rivage ;

» L'accueil hospitalier d'un simple et bon sauvage

» Releva mon espoir ; et, tandis qu'à Paris

» Des brigands policés dévoroient mes débris,

» L'ignorante bonté vint soulager mes peines.

» Cependant je voulus, dans ces fertiles plaines,

» Comme aux champs paternels fortuné possesseur,

» De la propriété connoître la douceur :

» Le fameux Robinson revint à ma mémoire ;

» Son roman fut mon sort, sa fable est mon histoire.

» Que ne peut en effet le travail excité

» Par l'aiguillon pressant de la nécessité !

» Des instrumens des arts, j'étudiai l'usage ;

» Moi-même par degrés j'en fis l'apprentissage :

» Je plantai mon jardin, je bâtis ma maison ;

» Des moissons, des labours, je connus la saison ;

» L'air libre du vallon, l'abri de la montagne,

» M'offrirent vingt climats dans la même campagne.

» Des plantes avec nous avoient passé les mers ;

» Ce sol connut les fruits de deux mondes divers,

» Le nectar de Bordeaux, la figue de Provence ;

» Et dans un sol étroit je parcourois la France.

» Trop foible illusion ! A mes champs paternels,

» Hélas ! aurois-je fait des adieux éternels ?

» Mais enfin dans ces bois les passions se taisent,

» De nos troubles passés les tumultes s'appaisent.

» Le travail en ces lieux est mon premier trésor ;

» Les plaisirs du travail manquoient à l'âge d'or :

» J'en hais l'oisiveté, j'en aime l'innocence.

» Tout seconde mes soins ; des troubles de la France

» Victime, ainsi que nous, ce bon vieux serviteur,

» Laboureur comme moi, comme moi constructeur,

» N'a connu qu'en ces lieux l'égalité première :

» Nous sommes journaliers ; mon épouse est fermière.

» Le laitage du soir et celui du matin

» Nous paroissent plus doux présentés par sa main.

» Les vrais plaisirs sont ceux que l'on doit à soi-même

» Et les fruits les plus doux sont les fruits que l'on sè

» Quelquefois revenus à nos premiers plaisirs,

» Des arts plus élégans amusent nos loisirs.

» Le Dieu, maçon dans Troye, et berger chez Admète,

» Ne tenoit pas toujours l'équerre et la houlette ;

» Souvent dans son exil, comme au séjour des Dieux,

» Ses doigts divins touchoient son luth mélodieux.

» Nous avons imité cet exilé céleste ;

» Les arts charment souvent notre labeur agreste.

» La harpe, les crayons reviennent, chaque soir,

» Remplacer le marteau, la bêche et l'arrosoir ;

» Et notre douce vie, en délices féconde,

» Aux goûts des temps polis joint ceux du premier monde :

» Tel est mon sort. Un bien manquoit à mes desirs ;

» Viens, en les partageant, achever mes plaisirs.

» Qu'une seconde fois le bonheur nous rassemble :

» Nous vécûmes heureux, eh bien ! mourons ensemble. »

Comme il disoit ces mots, ce Sauvage ingénu

Que par des bienfaits seuls son hôte avoit connu,

Avec un air mêlé de candeur et d'audace,

Entre, tenant en main les tributs de sa chasse ;

Il les jette, et repart : « Cher ami, tu le vois,

» La bonté simple et franche habite dans ces bois.

» Oh ! ce n'est qu'à Paris que sont les vrais Sauvages !

» Consens donc d'être heureux sur ces heureux rivages. »

Il dit : sa femme en pleurs seconde ce discours ;

Tous trois dans ces beaux lieux coulent encor leurs jours ;

Et des arts et des champs l'agréable culture,
Pour eux, d'un double charme embellit la nature.

Et vous, qu'un foible espoir retient près du séjour
Où vivoient nos ayeux, où nous vîmes le jour,
Je retourne vers vous. Que votre impatience
N'affronte pas encor le chaos de la France!
Vous confier trop tôt à ce ciel orageux,
Ne seroit qu'imprudent, et non pas courageux.
Un démon désastreux plane encor sur vos têtes.
Attendez que les Dieux aient calmé les tempêtes,
Alors vous reverrez l'asile paternel ;
Mais ce bienfait encor cache un piège cruel.
Tel que le basilic, de sa prunelle ardente,
Fixe, attire et saisit sa proie obéissante,
De mon triste pays le prestige assassin
Pour dévorer ses fils, les appelle en son sein.
Ou, telle que Carybde, en ses grottes profondes,
Engloutit tour-à-tour, et rechasse les ondes,
La France impitoyable, en ses horribles flancs,
Attire tour-à-tour et vomit ses enfans.
Mais ces jours ne sont plus, Dieu juste! tu l'emportes;
La patrie aux Français vient de rouvrir ses portes;
Elle n'a pas encore, au gré de nos souhaits,
Achevé la justice, et comblé ses bienfaits ;

Mais, d'un œil attendri, vous pourrez reconnoître
Le sein qui vous nourrit, le ciel qui vous vit naître;
Et des biens les plus chers, retrouvant les douceurs,
Embrasser vos enfans, vos frères et vos sœurs.
Vous pourrez, revenus des terres étrangères,
Retrouver et l'église, et la foi de vos pères.
Non, non, le temps n'est plus où la religion
Sous le poids du mépris et de l'oppression,
D'une tremblante main relevant ses bannières,
Dans l'ombre des forêts, dans le creux des tannières,
Loin des autels détruits et des temples déserts,
Adoroit en tremblant le Dieu de l'univers.
Déjà de sa splendeur quelques traits reparoissent;
Son temple se relève, et ses fêtes renaissent.
Je les revois enfin, ces tribunaux, où Dieu
Écoute du remords l'attendrissant aveu;
Ces vases du baptême, où les chefs des familles
Viennent purifier et leurs fils et leurs filles.
Même de vos clochers l'airain consolateur,
Que pour un vil profit un bras profanateur
Fit descendre à leurs pieds, remonté vers leur faîte,
Du patron du hameau proclame encor la fête.
Il vous appelle encore au chant religieux,
Qui monte de la terre à la voûte des cieux,

Au sacrifice auguste, à la sainte tribune,
Où l'orateur chrétien console l'infortune;
Demande encor des vœux pour les mortels souffrans,
Pour l'enfant nouveau-né, pour les vieillards mourans;
Guide encor le berger, errant dans la campagne,
Qu'attendent ses enfans et sa chère compagne,
Qui, parmi les frimats, égaré dans la nuit,
Bénit, en avançant, le son qui le conduit,
Et, sur le coq doré, l'honneur de son village,
Vers le toit paternel dirige son voyage.
Enfin, las de se fondre en canons, en mousquets,
Il sonne vos travaux, il sonne vos banquets.
Allez donc, d'un cœur pur et d'une ame soumise,
Ensemble jetez-vous dans les bras de l'église:
C'est-là qu'il faut porter, dans vos pieux transports,
Le juste ses malheurs, le méchant ses remords.
Allez; et, bénissant le Dieu qui vous rassemble,
Chantez, priez, pleurez, consolez-vous ensemble!
C'est peu. Depuis long-temps, l'auguste piété
Abandonnoit la terre à sa fécondité;
Enfin, on la revoit, dans la saison nouvelle,
Cette solemnité, si joyeuse et si belle,
Où la religion, par un culte pieux,
Seconde des hameaux les soins laborieux;

Et, dès que Mai sourit, les agrestes peuplades
Reprennent dans les champs leurs longues promenades.
A peine de nos cours le chantre matinal,
De cette grande fête a donné le signal,
Femmes, enfans, vieillards, rustique caravane,
En foule ont déserté le château, la cabane.
A la porte du temple, avec ordre rangé,
En deux files déjà le peuple est partagé.
Enfin, paroît du lieu le curé respectable,
Et du troupeau chéri le pasteur charitable.
Lui-même il a réglé l'ordre de ce beau jour,
La route, les repos, le départ, le retour.
Ils partent : des zéphirs l'haleine printannière,
Souffle, et vient se jouer dans leur riche bannière ;
Puis vient la croix d'argent ; et leur plus cher trésor,
Leur patron enfermé dans sa chapelle d'or,
Jadis martyr, apôtre ou pontife des Gaules :
Sous ce poids précieux fléchissent leurs épaules.
De leurs aubes de lin, et de leurs blancs surplis,
Le vent frais du matin fait voltiger les plis ;
La chappe aux bosses d'or, la ceinture de soie,
Dans les champs étonnés en pompe se déploie ;
Et, de la piété, l'imposant appareil
Vient s'embellir encore aux rayons du soleil.

Le chef de la prière, et l'ame de la fête,
Le pontife sacré, marche et brille à leur tête,
Murmure son breviaire, ou, renforçant ses sons,
Entonne avec éclat des hymnes, des réponds.
Chacun charme à son gré le saint itinéraire :
Dans ses dévôtes mains l'un a pris son rosaire ;
Du chapelet pendant l'autre parcourt les grains ;
Un autre, tour-à-tour invoquant tous les saints,
Pour obtenir des cieux une faveur plus grande,
Épuise tous les noms de la vieille légende ;
L'autre, dans la ferveur de ses pieux accès,
Du prophête royal entonne les versets.
Leurs prières, leurs vœux, leurs hymnes se confondent
L'Olympe en retentit, les côteaux leur répondent ;
Et, du creux des rochers, des vallons et des bois,
L'écho sonore écoute, et répète leurs voix ;
Leurs chants montent ensemble à la céleste voûte.
Ils marchent : l'aubépine a parfumé leur route ;
On côtoie en chantant le fleuve, le ruisseau ;
Un nuage de fleurs pleut de chaque arbrisseau ;
Et leurs pieds, en glissant sur la terre arrosée,
En liquides rubis dispersent la rosée.
On franchit les forêts, les taillis, les buissons,
Et la verte pelouse, et les jaunes moissons.

Quelquefois, au sommet d'une haute colline,
Qui sur les champs voisins avec orgueil domine,
L'homme du ciel étend ses vénérables mains ;
Pour la grappe naissante et pour les jeunes grains,
Il invoque le ciel. Comme la fraîche ondée
Baigne, en tombant des cieux, la terre fécondée,
Sur les fruits et les bleds nouvellement éclos,
Les bénédictions descendent à grands flots.
Les côteaux, les vallons, les champs se réjouissent,
Le feuillage verdit, les fleurs s'épanouissent ;
Devant eux, autour d'eux, tout semble prospérer,
L'espoir guide leurs pas : prier, c'est espérer.
L'espérance au front gai plane sur les campagnes,
Sur le creux des vallons, sur le front des montagnes.
Trouvent-ils en chemin, sous un chêne, un ormeau,
Une chapelle agreste, un patron du hameau,
Protecteur de leurs champs, fondateur de leur temple,
Que toute la contrée avec respect contemple ;
Soit ce fameux Hubert, qu'au son bruyant du cor,
Le chasseur dans les bois tous les ans fête encor ;
Ou Roch, accompagné de son dogue fidèle,
Qui chasse et les brigands et la peste cruelle ;
Ou quelqu'enfant cloîtré des Maurs et des Benoîts,
Qui fécondoient les monts, ou défrichoient les bois,

Ou, d'un auteur ancien déchiffrant le volume,

Ont transmis jusqu'à nous les doux fruits de sa plume;

Ou l'austère Bruno, dont les enfans muets

Mêlèrent leur silence à celui des forêts ;

Ou ce bon Nicolas, dont l'oreille discrète

Écoute des amans la prière secrette,

Et, des sexes divers le confident chéri,

Donne à l'homme une femme, à la fille un mari :

Là, s'arrêtent leurs pas ; le simulacre antique

Reçoit leurs simples vœux et leur hymne rustique.

La nuit vient : on repart, et, jusques au réveil,

Des songes fortunés vont bercer leur sommeil ;

Un rêve heureux remplit leurs celliers et leurs granges

D'abondantes moissons, de fertiles vendanges ;

Et, jusques à l'aurore, ils pressent, assoupis,

Des oreillers de fleurs et des chevets d'épis.

Ils pensent voir les fruits, les gerbes qu'ils attendent,

Et jouissent déjà des trésors qu'ils demandent.

O riant Chanonat! ô fortuné séjour ! [47]

Je croirai voir encor ces beaux lieux, ce beau jour,

Où, fier d'accompagner le saint pélerinage,

Enfant, je me mêlois aux enfans du village !

Hélas ! depuis long-temps je n'ai vu ces tableaux;

Mais enfin, leur retour ranime mes pinceaux.

Leur souvenir me plaît, et de ma décadence
Je reviens avec joie aux jours de mon enfance.
Et vous, que l'on a vus sur des bords étrangers,
Endurer tant de maux, braver tant de dangers,
Par l'oubli mutuel les ames rapprochées,
Vos malheurs adoucis et vos larmes séchées,
Le présent plus heureux, l'avenir plein d'espoir,
Les passions dormant sous le joug du devoir:
Du culte renaissant voilà le vrai miracle.
Venez donc assister à ce touchant spectacle!
Vous avez parcouru la lice de l'honneur;
Moi, je viens vous ouvrir la route du bonheur!

FIN DU IVe. ET DERNIER CHANT.

NOTES

DU POËME

DE LA PITIÉ.

NOTES

D U

PREMIER CHANT.

---

¹⁾ PAGE 18, VERS 21.

Nous pleurons, quand Danloux, dans la fosse fatale,
Plonge, vivante encor, sa charmante vestale.

M. Danloux, peintre français, établi en Angleterre, s'est fait connoître très-avantageusement par son tableau de *la Vestale* : ce tableau a été exposé au muséum de Paris, où il a obtenu les suffrages de tous les connoisseurs. Le même artiste a fait en grand le portrait de l'auteur de ce poëme ; ce portrait est un de ses meilleurs ouvrages.

²⁾ PAGE 19, VERS 5.

L'autel de la Pitié fut sacré dans Athènes.

Hylus, fils d'Hercule et de Déjanire, étant poursuivi par Eurysthée, se réfugia à Athènes, où il fit bâtir un

temple à la Miséricorde ou à la Pitié. Les Athéniens vou-
lurent que les malheureux, et même les criminels, trou-
vassent dans ce temple un asile assuré. Les anciens pei-
gnoient la Pitié sous les traits d'une femme, dont le teint
est d'une blancheur éclatante, et le nez un peu aquilin;
elle portoit une guirlande d'olivier autour de la tête; son
bras gauche étoit déployé; elle tenoit un rameau de cèdre
à la main droite; à ses pieds on voyoit une corneille, oiseau, dit Horus Apollon, que les Égyptiens révéroient
particulièrement, comme plus enclin à la compassion que
les autres animaux.

Les autels de la Miséricorde furent long-temps sacrés
dans Athènes; son culte devoit être touchant, et les Athéniens, si long-temps divisés, vinrent souvent se réunir et
s'embrasser dans le temple de la Pitié. « La vie de l'homme,
» dit Pausanias, est si chargée de vicissitudes, de travers
» et de peines, que la Miséricorde est la divinité qui mé-
» riteroit d'avoir le plus de crédit. Tous les particuliers,
» toutes les nations du monde devroient lui offrir des sa-
» crifices, parce que tous les particuliers, toutes les na-
» tions en ont également besoin.» La Pitié fut long-temps
encore une vertu, après avoir cessé d'être une divinité;
mais la corruption des mœurs fit disparoître son culte, et
finit par étouffer ses généreuses émotions. Les stoïciens
allèrent jusqu'à soutenir que la pitié n'étoit que de la foi-

blesse ; ils étoient conséquens à leur doctrine. En effet, si
la douleur n'est point un mal, la pitié qu'elle inspire n'est
qu'un sentiment inutile. Mais la secte des stoïciens étoit
peu étendue ; la plupart des hommes regardèrent toujours
la douleur comme un mal. Comment ont-ils pu renoncer
au culte de la Pitié ?

[3)] PAGE 20, VERS 24.

Pourtant, quelqu'intérêt que m'inspirent vos maux,
Je n'irai point, rival du vieillard de Samos,
Répéter aux humains sa plainte attendrissante.

Pythagore apporta en Grèce et en Italie le dogme de la
métempsycose ; il l'avoit pris chez les prêtres égyptiens,
qui vraisemblablement l'avoient eux-mêmes tiré de l'Inde.
Ce dogme ne fut jamais adopté en Italie que comme une
hypothèse ingénieuse. Les poëtes mêmes, auxquels l'idée
de la métempsycose devoit fournir des images agréables,
dédaignèrent d'en parler ; Lucain l'appelle un *mensonge
officieux*, *propre à écarter les images de la mort.*
Les philosophes n'y croyoient pas eux-mêmes. On sait que
Pythagore fit sacrifier cent bœufs au soleil, pour célébrer
la découverte du carré de l'hypothénuse. Le dogme de la
métempsycose étoit moins fait pour réussir en Europe que
dans l'Indostan. Sur les bords du Gange, la nature fournit

facilement à l'homme tout ce qui lui est nécessaire. L'Indien est sobre ; il préfère les plantes à la chair des animaux ; il a conservé plus de respect pour les êtres animés : aussi la croyance de la métempsycose s'est-elle conservée dans ces contrées telle qu'elle étoit dans son origine. Les Indous ont encore des cérémonies en l'honneur des animaux. Les Brames célèbrent une fête des vaches, qu'ils appellent le *Pongol*. Ils adorent le dieu de la vertu, sous l'emblême et sous la figure d'un bœuf. Ils prennent pitié des animaux les plus vils, parce qu'ils les regardent comme tenant à l'humanité, par la transmigration des ames. Plusieurs voyageurs rapportent qu'il existoit encore, dans le dernier siècle, à Surate, des hôpitaux pour les puces, les punaises, les poux, etc. On parle d'une secte d'Indous, dans le royaume de Golconde, qui a tellement horreur du sang, qu'ils s'abstiennent de manger des oignons, parce que cette espèce de légume renferme des filamens qui ressemblent à des conduits sanguins. L'auteur de *l'Histoire de Mysore* rapporte que dans la famine qui désola le Bengale, en 1774, et qui fit périr près de trois millions d'habitans, un grand nombre d'Indous se laissèrent mourir, plutôt que de manger de la chair des animaux. « Au mi-
» lieu de ces scènes de deuil et d'effroi, dit cet écrivain,
» une chose que l'on ne pouvoit pas voir sans un mé-
» lange de pitié et d'admiration, c'étoit la constance iné-

» branlable des Indous à refuser toute nourriture animale.
» On les voyoit s'exposer à toutes les angoisses de la faim,
» plutôt que de renoncer aux préceptes de leur religion.
» Les idées religieuses étoient le seul sentiment qui eût
» surnagé sur cet abîme, où tout ce qui caractérise l'homme
» avoit disparu. »

[4] PAGE 24, VERS 13.

Tel ne fut point Hogart, etc.

Hogart s'est attaché à peindre les tortures que l'homme fait souffrir aux animaux domestiques. Rien n'est si touchant que ses tableaux.

[5] PAGE 25, VERS 5.

O toi ! qui, consolant ta royale maîtresse,
Jusqu'au dernier soupir lui prouvas ta tendresse,

Marie-Thérèse-Charlotte avoit reçu de son frère un chien, qu'elle emmena avec elle en sortant du Temple. Ce fidèle compagnon de ses infortunes l'avoit suivie jusqu'en 1801 : étant tombé du haut d'un balcon, dans le palais de Poniatowski, à Varsovie, il expira sous les yeux de sa maîtresse. Il ne sera peut-être pas hors de propos de rap-

peler ici quelques exemples de fidélité donnés par les chiens,
dans les jours malheureux de la révolution. Une brochure
publiée en 1796 parle ainsi d'un chien qui avoit appartenu
à la reine :

« Marie-Antoinette avoit au Temple un chien qui l'a-
» voit constamment suivie. Lorsqu'elle fut transférée à la
» Conciergerie, le chien y vint avec elle; mais on ne le
» laissa pas entrer dans cette nouvelle prison. Il attendit
» long-temps au guichet, où il fut maltraité par les gen-
» darmes , qui lui donnèrent des coups de baïonnettes.
» Ces mauvais traitemens n'ébranlèrent point sa fidélité ;
» il resta toujours près de l'endroit où étoit sa maîtresse;
» et, lorsqu'il se sentoit pressé par la faim, il alloit dans
» quelques maisons voisines du Palais, où il trouvoit à
» manger; il revenoit ensuite se coucher à la porte de la
» Conciergerie. Lorsque Marie-Antoinette eut perdu la
» vie sur l'échafaud, le chien veilloit toujours à la porte
» de sa prison; il continuoit d'aller chercher quelques dé-
» bris de cuisine chez les traiteurs du voisinage; mais il
» ne se donnoit à personne, et il revenoit toujours au
» poste où sa fidélité l'avoit placé : il y étoit encore en
» 1795, et tout le quartier le désignoit sous le nom de
» *chien de la reine.* »

Un boucher avoit été condamné à mort par le tribunal
révolutionnaire; son chien accompagna la fatale charrette

jusqu'à la place de la Révolution : il suivit son maître des yeux jusqu'à ce qu'enfin il disparut sous la hache du bourreau. Après l'avoir cherché long-temps, il accompagne de nouveau la charrette jusqu'à la Conciergerie; il attend à la porte de la prison; et, le lendemain, il suivoit encore la charrette : il la suivit ainsi pendant près d'un mois. Ce fait, attesté par plusieurs témoins oculaires, a été consigné dans plusieurs mémoires du temps.

M. D.... étoit en prison; deux enfans en bas âge alloient voir tous les jours leur père; ils n'avoient d'autre conducteur que le chien de la maison, qui leur servoit de Mentor dans leur voyage. Il veilloit sur eux, avoit soin de les faire éloigner des voitures, faisoit écarter les passans, et les ramenoit toujours par le même chemin, sans qu'ils aient jamais éprouvé le moindre accident.

On pourroit citer beaucoup d'autres traits de la fidélité des chiens. On a parlé de faire l'histoire de ces animaux pendant la révolution; mais l'humanité auroit peut-être trop à rougir.

(*) PAGE 25, VERS 17.

Et moi, qui proscrivis leurs honneurs funéraires,
J'implore un monument pour des cendres si chères,
Pour toi, qui, presque seul au siècle des ingrats,
Dans les temps du malheur ne l'abandonnas pas :

M. Delille s'étoit élevé, dans son poëme des *Jardins*, contre les monumens élevés à des chiens :

Dans tous ces monumens, point de recherches vaines.

Pouvez-vous allier, dans ces objets touchans,

L'art avec la douleur, le luxe avec les champs?

Sur-tout ne feignez rien : loin ce cercueil factice,

Ces urnes sans douleur que plaça le caprice ;

Loin ces vains monumens d'un chien ou d'un oiseau :

C'est profaner le deuil, insulter au tombeau.

La fidélité du chien méritoit la réparation que lui fait aujourd'hui M. Delille. L'histoire de ce fidèle animal s'est quelquefois mêlée à l'histoire même de l'homme. Homère, qui avoit chanté les dieux et les exploits d'Achille, ne dédaigne pas de parler dans l'*Odyssée*, du chien d'Ulysse, qui fut le premier à reconnoître son maître. *L'Écriture Sainte* parle du chien de Tobie.

On ne sera pas fâché de voir rapporter dans cette note quelques-unes des idées de M. de Buffon sur cet animal intéressant. « Sans avoir, comme l'homme, la lumière de » la pensée, il a toute la chaleur du sentiment ; il a de » plus que lui la fidélité, la constance dans ses affections ; » nulle ambition, nul intérêt, nul desir de vengeance, » nulle crainte que celle de déplaire ; il est tout zèle, tout » ardeur et tout obéissance. Plus sensible aux souvenirs

» des bienfaits qu'à celui des outrages, il ne se rebute
» pas par les mauvais traitemens; il les subit, les oublie,
» ou ne s'en souvient que pour s'attacher davantage; loin
» de s'irriter ou de fuir, il s'expose lui-même à de nou-
» velles épreuves; il lèche cette main, instrument de douleur,
» qui vient de le frapper; il ne lui oppose que la plainte,
» et la désarme enfin par la patience et la soumission. »

« Il prend le ton de la maison qu'il habite; comme les
» autres domestiques, il est dédaigneux chez les grands,
» et rustre à la campagne. Toujours empressé pour son
» maître, et prévenant pour ses seuls amis, il ne fait au-
» cune attention aux gens indifférens, et se déclare contre
» ceux qui par état ne sont faits que pour importuner. Il
» les connoît aux vêtemens, à la voix, à leurs gestes, et
» les empêche d'approcher. Lorsqu'on lui a confié, pen-
» dant la nuit, la garde de la maison, il devient plus fier,
» et quelquefois féroce. Il veille, il fait la ronde, il sent
» de loin les étrangers; et, par des aboiemens réitérés,
» des efforts et des cris de colère, il donne l'alarme,
» avertit et combat. »

« Le chien, dit plus loin le *Pline français*, est le seul
» animal dont la fidélité soit à l'épreuve; le seul qui con-
» noisse toujours son maître, et les amis de la maison; le
» seul qui, lorsqu'il arrive un inconnu, s'en apperçoive;
» le seul qui entende son nom, et qui reconnoisse la voix

» domestique; le seul qui ne se confie point à lui-même;
» le seul qui, lorsqu'il a perdu son maître, et qu'il ne
» peut le trouver, l'appelle par ses gémissemens; le seul
» enfin dont les talens naturels soient évidens, et l'éduca-
» tion toujours heureuse. »

On est fâché, après un tableau aussi touchant, que
M. de Buffon fasse du chien, auquel il donne tant de
qualités, une machine qui se meut, en quelque sorte, par
des ressorts purement mécaniques, et qui n'a point l'idée
du bien et du mal qu'elle peut faire. Il est vrai que Des-
cartes avoit soutenu, avant M. de Buffon, que les bêtes
n'avoient point d'ame. Cette question fut vivement agitée
dans les écoles, au siècle de Louis XIV. Je m'étonne
qu'on ne l'ait point demandé à Lafontaine; personne ne
pouvoit le savoir mieux que lui; et je suis persuadé qu'il
eût été pour l'affirmative.

⁾ PAGE 25, VERS 23.

Je ne te mettrai point près du chien de Procris ;
J'offre un plus doux asile à tes mânes chéris :

Un monument funèbre a été élevé en l'honneur du
chien de Marie-Thérèse-Charlotte, dans les jardins de la
princesse Poniatowski.

8) PAGE 26, VERS 24.

Si, vengeant la nature et les droits des humains,
Un esclave, autrefois, fit trembler les Romains,

Spartacus se mit à la tête des esclaves, et soutint une guerre formidable contre la république romaine.

9) PAGE 28, VERS 21.

Tairai-je ces enfans de la rive africaine,
Qui cultivent pour nous la terre américaine?
Différens de couleur, ils ont les mêmes droits;
Vous-mêmes contre vous les armez de vos lois.

Lorsque la révolution a éclaté en France, on devoit s'attendre que ses ravages ne seroient pas moins affreux dans les colonies que sur le continent. L'éloignement où elles se trouvoient de la métropole, a dû les exposer à des troubles sans cesse renaissans. Elles ont eu beaucoup à souffrir de la lutte qui s'étoit élevée en France entre les amis et les ennemis des noirs; chaque parti triomphoit à son tour, et chaque triomphe d'un parti portoit de nouvelles secousses dans les colonies. Les choses ont été au point, que les colonies ont souffert presqu'autant des mesures sages qu'on prenoit à leur égard, que des mesures les plus désastreuses. Les décrets du 15 mai et du 4 sep-

tembre 1791, qui étoient propres à rassurer les colons,
n'ont servi qu'à fomenter de nouveaux troubles. Les différens gouvernemens qui se sont succédés, aux prises avec
la révolution, n'ont jamais pu envoyer que des proclama-
tions et des commissaires; ce qui ne remédioit à rien. Les
sanglantes discussions qui s'étoient élevées dans les Antilles
françaises, sur la liberté, ne pouvoient être terminées que
par l'appareil de la force.

Il n'est pas surprenant d'ailleurs, que le mot de *liberté*,
qui n'étoit pas entendu chez un peuple qui passe pour
être éclairé, ne l'ait pas été davantage par la population
noire des colonies.

Puffendorf, Rousseau, Montesquieu lui-même, n'ont
jamais osé définir la liberté dans le calme de leurs cabi-
nets. Comment auroit-on pu résoudre ce problème au
milieu de nos troubles politiques ? Sans savoir précisé-
ment ce que c'est que la liberté, on a dit imprudemment
qu'elle étoit le droit le plus inaliénable de l'homme. Si la
chose étoit ainsi, il me semble que l'homme seroit resté
dans les bois; car le premier sacrifice qu'il a dû faire en en-
trant en société, c'est celui d'une grande partie de sa liberté.
Quel a donc été l'objet des premières recherches de l'homme
dans l'ordre social ? c'est la sûreté. Il a doublé ses forces
et ses moyens en les mettant en commun; mais il a perdu
de son indépendance. Si on avoit mis le mot de sûreté à

la place de celui de liberté, on se seroit beaucoup mieux entendu, et on auroit évité de grands malheurs.

Au reste, on est à-peu-près d'accord aujourd'hui en Europe sur la question de l'esclavage des nègres. Les déclamations dont nos tribunes ont retenti si long-temps, ne produisent plus d'effet sur les imaginations que l'expérience a calmées. Que la traite et l'esclavage soient licites ou prohibés par les lois de la nature et de l'humanité, dit M. de Pradt dans son excellent ouvrage des *Trois âges des Colonies*, tout cela ne fait rien à la question qu'on doit traiter aujourd'hui. C'est dans l'ordre social, positif et subsistant, qu'il faut chercher une colonie, et non pas dans des abstractions qui bouleversent d'un seul coup toutes les institutions établies, tous les rapports déjà formés et en vigueur. Toute la question paroît se réduire, par rapport à l'Europe, à l'alternative de conserver les nègres dans un état de dépendance, ou de renoncer aux avantages des colonies. C'est sous ce point de vue, sans doute, que la question fut envisagée par l'espagnol Chievès, lorsque, voyant l'Amérique dépeuplée, et sa foible population suffisant à peine aux travaux nécessaires, il fit acheter sur la côte de Guinée cinq cents nègres avec autant de négresses, qu'il fit transporter à Saint-Domingue en 1516. Ces nègres, inutiles dans leur pays, devinrent un fonds d'une richesse inestimable dans les colonies. Cet avantage fut vivement senti en Europe; et, dès cette époque, deux compagnies furent établies pour la traite des nègres; l'une au Sénégal, et l'autre en Guinée. Il suffira de donner ici quelques notions sur le commerce des nègres en Afrique, pour faire voir que ces hommes, dont on a tant déploré le sort, sont beaucoup plus heureux dans les colonies que dans leur propre patrie. Les nègres qu'on achète sur les côtes d'Afrique, sont, 1°. des malfaiteurs condamnés à mort par les usages du pays; 2°. des prisonniers de guerre, qui sont, par cela même, réduits à l'esclavage, et traités avec la cruauté naturelle au climat africain; 3°. des esclaves des grands du pays, qui ne peuvent que gagner à un changement de condition. Ces peuples sont en général si barbares, qu'on a vu des pères vendre leurs enfans, et des enfans vendre leurs pères; ce qui fait dire à M. de Voltaire ces mots remarquables : « On nous reproche le » commerce des noirs : un peuple qui trafique de ses » enfans est encore plus condamnable que l'acheteur; ce » négoce démontre notre supériorité. Celui qui se donne » un maître étoit né pour en avoir un. » M. de Voltaire auroit pu ajouter que l'homme qu'on arrache à une pareille société, ne sauroit être plus malheureux, dans quelque pays qu'il soit conduit, et quelle que soit la condition à laquelle il est appelé. On n'a qu'à comparer les ordonnances des rois de France sur l'esclavage des nègres, avec la législation des peuples de Guinée, et l'on verra que la plupart des nègres africains, transportés dans les colonies, ne faisoient que gagner, même pour la liberté.

¹⁰⁾ PAGE 34, VERS 12.

O toi! l'inspiratrice et l'objet de mes chants,
Qui joins à mes accords des accords si touchans!

Mᴸˡᵉ. Vaudchamp, douée d'une voix charmante, et très-bonne musicienne, a souvent charmé les chagrins de M. Delille par ses accens; elle s'est associée à toutes ses peines, et quelquefois même à ses travaux; ses soins assidus sont d'un très-grand secours à M. Delille, pour la composition et la publication de ses ouvrages. Le poëte l'appelle quelquefois son Antigone, et elle mérite ce titre touchant par son attachement envers son illustre ami, autant que par sa conduite envers son père et sa propre famille. M. Delille, qui n'a jamais été dans les Ordres, comme on a voulu le faire croire, a acquitté, envers Mˡˡᵉ. Vaudchamp, la dette de la reconnoissance, et il lui a donné son nom.

¹¹⁾ PAGE 36, VERS 12.

Tout-à-coup emporté d'un mouvement soudain,
D'un vol dont il rougit, vient de souiller sa main?

Ce trait a été le sujet d'un drame joué au théâtre

Feydeau, sous le titre de *la Famille indigente*. M. Danloux, entendant les vers de M. Delille, fut frappé du tableau qu'ils offroient à son imagination, et il fit sur-le-
champ un dessin, qu'il s'occupe d'exécuter en grand.

^(12)) PAGE 41, VERS 16.

Tel, si les grands objets aux petits se comparent,
Des Troyens autrefois jetés sous d'autres cieux,
Ilion imité charmoit encor les yeux;
Et du Xante sacré, sur un autre rivage,
Leurs cœurs avec transport reconnoissoient l'image :

Procedo, et parvam Trajam, simulataque magnis
Pergama, et arentem Xanthi cognomine rivum
Agnosco; scæœque amplector limina portæ.
Necnon et Teucri socia simul urbe fruuntur.

ÆN. LIB. III.

NOTES

DU

SECOND CHANT.

---

¹²ᵇⁱˢ·⁾ PAGE 44, VERS 12.

Réduit, pour seul plaisir, dans ces noires demeures,
A lire quelques mots, où d'autres, avant lui,
Sur ces terribles murs ont tracé leur ennui;
Il est seul.

Aₚᵣᵉ̀ₛ le 9 *thermidor*, on a trouvé tous les murs des prisons de Paris couverts d'inscriptions et de vers, où les victimes avoient exprimé à-la-fois leur chagrin, et l'héroïsme de leur résignation. On ne sera pas fâché de voir ici une épître tracée sur les murs d'un cachot, et recueillie par J. B......, auteur du joli poëme de *la Gastronomie.*

Depuis deux ans j'habite cette tour :
De mes erreurs, c'est le juste salaire.
Qui que tu sois qui viendras quelque jour
Me succéder dans ce lieu de misère,

Apprends de moi cette utile leçon,

Qu'on peut encore être heureux en prison.

Certe, il vaut mieux, libre dans son allure,

Observateur de la belle nature,

Voir un beau champ de roses parsemé,

Que quatre murs qu'un foible jour éclaire :

Mais, si l'on doit y rester enfermé,

Il faut trouver le secret de s'y plaire.

Ce bon secret, si tu veux le savoir,

Est la gaîté. C'est-là tout le mystère.

Elle embellit le cachot le plus noir,

Elle supplée à tout ce que la terre

Peut nous offrir de biens et de grandeur ;

Elle adoucit les disgrâces humaines ;

Elle nous met au-dessus du malheur.

Pour moi, je sais me moquer de mes chaînes,

Et de mes fers me forger des hochets.

Ceux que le monde, hélas ! m'a fait connoître,

Ne valent pas davantage, peut-être,

Et trop souvent m'ont laissé des regrets.

De ma prison j'ai banni la tristesse

Qui ne sauroit m'atteindre désormais,

Et qui souvent assiège en son palais

L'homme accablé d'une immense richesse.

Autour de moi je ne vois rien en laid.

Le triste aspect d'une froide muraille,

Mon mobilier, mon petit lit de paille,

Le rat craintif qui vient sur mon chevet,
Et me réveille en rongeant mon bonnet,
Tout me fait rire. En vain, dans ma détresse,
Quelques amis que mon sort intéresse
Viennent me voir au travers du guichet ;
Et, malheureux de ma propre infortune,
En m'abordant d'un air sombre et piteux,
Semblent vouloir que je pleure avec eux,
Et m'inspirer leur tristesse importune.
Je les console, et leur dis en riant :
« Mes bons amis, calmez-vous, je vous prie ;
» Votre douleur, dont je vous remercie,
» Ne change rien à mon appartement,
» Ne m'ouvre point cette porte ennemie,
» Ne peut briser un verrou sans pitié,
» Dont ce gros mur recèle la moitié.
» Presque toujours la plainte est inutile ;
» Il faut rester quand on ne peut sortir.
» Veuillez, des yeux, parcourir mon asile :
» Il n'est pas beau, j'en veux bien convenir ;
» A vos regards ne viennent point s'offrir
» Des ornemens, dont la magnificence
» Semble insulter à l'homme qui n'a rien ;
» Mais on y trouve, en y regardant bien,
» Tout ce qui peut soutenir l'existence.
» Voilà ma cruche et mon morceau de pain :
C'en est assez pour la soif ou la faim.

» Cette ouverture, à regret pratiquée,

» Permet à l'air d'y venir s'engouffrer ;

» Ce qui suffit pour ne point étouffer.

» Voilà ma table ; elle est un peu tronquée,

» Mais mon dîner y tient commodément.

» Sur ce trépied je m'assieds à mon aise ;

» Il me soutient, quoiqu'un peu chancelant :

» Là, vous voyez mes communs à l'anglaise,

» Près de l'endroit où je prends mon repas ;

» Là, mon boudoir...... Mais je ne boude pas.

» Quand mon geolier, d'un air brusque et sauvage,

» Vient m'apporter un limpide potage,

» Assaisonné par mon seul appétit ;

» Quand de ses clefs j'entends le triste bruit,

» Avant-coureur de sa sotte présence,

» A sa rencontre aussitôt je m'avance,

» Je viens à bout d'égayer son humeur,

» Le lendemain mon potage est meilleur ;

» Il m'entretient d'une manière affable,

» Et quelquefois le vilain est aimable.

» Mes chers amis, quels que soient nos destins,

» A la gaîté vouons notre existence. »

J'en viens à toi, mon triste successeur,

Apprends à rire aussi de ton malheur.

Si, quelque jour, traduit à l'audience,

Tu crains le sort d'un jugement fatal,

Fais, si tu peux, rire ton tribunal ;

Tu peux dès-lors compter sur l'indulgence.

Vis en repos. Je te laisse en sortant,

Sans nul regret, mon petit logement ;

Lequel n'est point d'une forme nouvelle :

Il est fort chaud quand la saison est belle ;

Mais en hiver il est froid à glacer.

Que si tu veux pratiquer quelqu'issue,

Pour essayer de tomber dans la rue ,

Je te préviens qu'il y faut renoncer ;

De tes malheurs tu doublerois la somme :

Jamais prison ne garda mieux son homme ;

De ses gros murs le ciment éternel

Résisteroit à la force d'Alcide ;

Et de ce lieu l'architecte perfide

A su trop bien, dans son zèle cruel,

Sacrifier l'agréable au solide.

[13] PAGE 46, VERS 19.

Eh ! qui ne connoît pas le consolant spectacle

Qu'étale des bandits ce vaste réceptacle ,

Cette Botany-bay, sentine d'Albion ,

En Angleterre, les coupables condamnés à l'exil sont envoyés à Botany-bay ; là, ils sont employés à différens travaux. Voici ce qu'on lit à ce sujet dans les mémoires de Georges Barington : « Je commençai, dit-il, à visiter

» les différentes classes d'ouvriers; je les trouvai tous
» plus attentifs à leur besogne , plus respectueux envers
» leurs surveillans, que je ne l'eusse imaginé. Les uns
» étoient employés à faire des briques et des tuiles; les
» autres à bâtir des magasins, des cabanes ; d'autres à
» déblayer, à applanir le terrein, à porter des poutres, à
» former des chemins. Une autre classe étoit composée
» d'ouvriers exerçant leurs métiers : c'étoient des forge-
» rons, des chaudronniers, des boulangers, des tailleurs,
» des jardiniers; il y en avoit aussi qui étoient destinés à
» garder les malades. Les heures des travaux sont depuis
» le lever du soleil jusqu'à onze heures et demie, qu'on
» les fait appeler pour dîner. A deux heures , ils se
» remettent à l'ouvrage jusqu'au coucher du soleil ; la
» fin de leurs travaux leur est annoncée par le bruit du
» tambour qui bat la retraite. Pour les encourager à la
» culture de leurs jardins, on leur abandonne le samedi ;
» on donne même une prime à ceux qui recueillent
» une plus grande quantité de légumes. Les femmes, tous
» les matins, nettoient les huttes, et apprêtent le dîner
» des hommes; elles ramassent le linge sale , le lavent,
» le raccommodent, et le rendent à chacun, le dimanche.
» Ce jour, personne n'est exempt d'assister au service
» divin qui se célèbre à onze heures ; tous les condamnés
» sont obligés d'y paroître en linge propre; et je dois

» dire qu'ils y sont d'une manière plus convenable,
» et même plus dévotieuse qu'on auroit lieu de l'at-
» tendre. »

Les condamnés, le temps de leur exil expiré, obtien-
nent des terres du gouvernement, dans la proportion
suivante : trente acres pour un homme seul ; cinquante
pour celui qui est marié, avec dix de plus pour chaque
enfant. Pendant les dix-huit premiers mois, les magasins
du roi leur fournissent encore des provisions et des vêtemens. On leur donne en outre tous les outils et toutes
les choses nécessaires à un cultivateur, avec des grains
pour ensemencer leurs terres la première année.

La plupart de ces condamnés, devenus ainsi proprié-
taires, donnent l'exemple des vertus domestiques. Plusieurs ont mérité, par leur conduite, d'obtenir des emplois ; et l'on a vu plus d'un bandit condamné par les
tribunaux d'Angleterre, devenir juge de paix à Botany-
bay, et rendre la justice avec une probité qui pourroit
servir de modèle à nos magistrats d'Europe.

¹⁴⁾ PAGE 48, VERS 3.

Ton ame le connut ; ce noble et tendre zèle,
Howard ! dont le nom seul console les prisons,

John Howard a consacré toute sa vie à consoler l'hu-

manité souffrante. S'étant apperçü des abus qui s'étoient
introduits dans les prisons d'Angleterre, il voulut les faire
cesser; il étudia le régime des maisons de détention; il
porta ses plaintes au parlement, et il parvint à améliorer
le sort des prisonniers. Ce premier succès encouragea ses
efforts; ses vues philantropiques s'agrandirent. Il visita les
prisons de la Hollande, de l'Allemagne, de la Russie, de
la Suède, du Danemarck, de la France et de l'Italie; il
n'est pas un cachot dans lequel il n'ait porté la consolation; et, de retour en Angleterre, il publia le résultat de
ses observations et de ses recherches. Son ouvrage, inti-
tulé : *État des prisons de l'Europe*, fut traduit en
français en 1788; il fut accueilli par les gens éclairés,
sans produire une grande sensation dans le public. On
étoit peu touché alors du sort des prisonniers; les peines
de la prison ne se présentoient à l'esprit que comme un
malheur qu'on ne doit jamais éprouver; mais, après une
révolution, dans laquelle chaque Français a perdu sa
liberté, ou a été sur le point de la perdre, les efforts
généreux d'Howard doivent être beaucoup mieux sentis ;
et tout le monde trouvera dans ses souvenirs des motifs
pour apprécier un des plus beaux monumens qu'on ait
élevés à l'humanité.

Il ne sera pas inutile de jeter ici, d'après John Howard,
un coup-d'œil rapide sur l'état des principales prisons de

l'Europe. « Les prisons de la Hollande, dit le célèbre
» voyageur, sont si tranquilles et si propres, que celui
» qui les visite a peine à croire que ce soient des prisons;
» elles sont chaque année, et souvent deux fois par an,
» blanchies avec l'eau de chaux; chacune d'elles a son
» médecin, son chirurgien particulier. En général, les
» maladies y sont rares. Dans la plupart de celles qui
» sont destinées aux criminels, il y a une chambre pour
» chaque prisonnier, et il n'en sort jamais; chacun a un
» bois de lit, un garde-paille et une couverture. La Hol-
» lande est le pays de l'Europe où il se commet le moins
» de crimes, et la justice a rarement l'occasion d'y dé-
» ployer toutes ses rigueurs.

» Les prisons d'Allemagne sont moins propres que
» celles de Hollande, mais elles ont l'avantage d'être
» bâties sur le bord des rivières : telles sont celles de
» Hanôvre, de Rull, de Hambourg, de Berlin, de Brêmen,
» de Cologne et de quelques autres villes. » John Howard
a remarqué que dans la plupart des prisons d'Allemagne,
les prisonniers étoient en petit nombre, et la cause qu'il
en donne, est la promptitude de l'examen et du jugement après l'incarcération. Ceux qui sont coupables de
légers délits, sont condamnés rigoureusement au pain et
à l'eau; mais on est moins sévère envers les criminels
que l'on a jugés et qui ont été condamnés; ils ont le

choix de leur nourriture: on leur donne une chambre plus commode ; leurs amis et leurs parens peuvent les voir et les consoler; un ministre les accompagne pendant tout le temps qui leur reste à vivre ; il ne les quitte qu'à leur mort. En général, dans les prisons d'Allemagne, on exerce peu de rigueurs inutiles; rarement on met les prisonniers aux fers, et les cachots sont presque toujours inhabités.

Les prisonniers sont beaucoup plus sévèrement traités en Danemarck, en Suède et en Russie; les prisons y sont pour la plupart très - malpropres et très - malsaines. Dans la prison d'état de Copenhague, les fers tiennent encore aux murs, dans les chambres où les comtes Struensée et Brandt ont été enfermés. Tel est le dégoût qu'inspire l'air méphytique de cette prison, que lorsque Struensée en fut tiré, après trois mois de détention, pour être conduit à une mort terrible, il s'écria : *ô quel bonheur de respirer un air frais!* Il faut dire ici cependant que les cachots ne sont point connus en Russie; et c'est pour cette raison sans doute, qu'on n'y a jamais vu de traces de la maladie épidémique, qu'on appelle la fièvre des prisons.

Les prisons de Suisse sont beaucoup plus propres que celles des royaumes du nord. Dans les maisons d'arrêt, chaque criminel a une chambre, afin que l'un ne puisse être le corrupteur de l'autre; ils n'ont point de fers, mais ils sont enfermés dans des chambres plus ou moins fortes, plus ou moins éclairées, selon la nature des crimes dont ils sont accusés. La plupart des prisonniers sont chauffés par des poëles; on leur alloue communément douze sols par jour. Dans les cantons Suisses, les prisons renferment rarement des criminels. « La principale raison, dit John » Howard, est le soin qu'on y prend d'inspirer aux en-» fans, même les plus pauvres, les principes de la reli-» gion et de la morale: une autre raison encore, est qu'on » y rend une prompte justice. » Howard ne trouva point de prisonniers dans la prison de Lausanne; il n'en trouva que trois dans les prisons de Schaffhouse; les prisons de Berne sont souvent vides.

On ne peut pas en dire autant des prisons d'Italie, qui sont presque toujours pleines. Quand John Howard passa à Venise, la principale prison de cette ville contenoit trois ou quatre cents personnes. A Naples, en 1781, on comptoit dans la prison appelée *Vicaria*, neuf cent quatre-vingts prisonniers. Dans la Toscane, dans l'État romain et dans le Piémont, le nombre des prisonniers étoit beaucoup moins considérable. Dans la plupart des villes d'Italie, ils sont employés aux travaux publics. Les exécutions sont beaucoup plus fréquentes dans ce pays que par-tout ail-leurs. Il y a quelques années, l'usage de la torture, de la

massole, etc. étoit encore connu à Rome, à Naples et dans
quelques autres États. Il n'est point de pays où l'humanité, inspirée par la religion, prodigue autant de secours
aux détenus et aux pauvres. Par-tout il s'est formé des institutions charitables; et, dans la plupart des villes, des
confréries pieuses sont uniquement occupées du soulagement des prisonniers. Je ne puis me dispenser de citer ici la
confrérie de la Miséricorde, appelée *di S. Giovani Dei
Fiorentini*. Il n'est point de ville un peu considérable qui
n'ait la sienne. Cette confrérie soulage les prisonniers pendant leur vie, et leur prodigue ses secours jusqu'à ce qu'ils
aient cessé de vivre; elle adoucit pour eux l'amertume du
trépas; elle reçoit leurs derniers soupirs, et elle veille à
leur inhumation : image de la Providence, dont la bonté
adoucit les rigueurs de la justice humaine, et daigne accueillir dans son sein les hommes que la société a rejetés.

Une pareille confrérie est établie en Portugal. Les prisonniers, dans la plupart des prisons de ce pays, ne sub-
sistent que de la charité publique. La justice n'y est pas
rigoureuse, mais elle y est lente; les coupables ou les accusés sont souvent détenus plusieurs années dans les prisons, avant qu'on les examine et qu'on les juge; et quelquefois, après qu'ils ont été jugés et condamnés à mort,
ils demeurent encore quelques années en prison avant
qu'on les exécute. Avant l'administration du marquis de

Pombal, les geoliers laissoient souvent sortir les prisonniers sur parole. L'un d'eux, qui avoit obtenu cette faveur,
en jouit pendant sept ans, quoiqu'il eût été condamné à
mort. L'ordre d'exécuter la sentence arriva ; sur la som-
mation du geolier, le coupable qui travailloit dans la pro-
vince, vint, sans balancer un instant, se remettre dans
la prison : ce respect pour sa promesse lui fit accorder sa
grâce. Plusieurs des coupables sont tirés des prisons, pour
être envoyés dans les établissemens portugais au Brésil ;
d'autres, enrôlés comme soldats, sont embarqués pour les
Indes.

Les geoliers portugais exigent un droit d'entrée et de
sortie de ceux qui sont reconnus innocens ; cet usage injuste est aussi pratiqué en Espagne. Le régime des prisons
espagnoles est très-rigoureux ; les prisonniers y sont souvent entassés les uns sur les autres ; ils sont souvent mis
aux fers, et plongés dans des cachots humides ; un criminel
condamné obtient rarement sa grâce du roi. Lorsqu'il est
jugé, les autres prisonniers le conduisent dans la chapelle,
où sa sentence lui est lue par un secrétaire, en présence
de tous. Il est accompagné par un moine, qui ne l'abandonne plus jusqu'à la mort. On ne peut pénétrer dans les
prisons de l'inquisition.

John Howard a visité aussi les prisons de Paris et celles
des différentes provinces de France. Il indique, dans leur

régime, plusieurs abus à réformer; mais la voix de l'humanité a été étouffée par la révolution; les hommes les plus dévoués au soulagement des misères humaines, ont eux-mêmes été chargés de fers. En 1796, M. Pastoret dénonça à la tribune du conseil des cinq cents les nombreux abus qui s'étoient introduits dans le régime des prisons; mais le gouvernement de ce temps-là, qui étoit aux prises avec toutes les factions, et qui étoit une faction lui-même, ne daigna point s'occuper des réclamations de l'humanité. Aujourd'hui, on s'en occupe plus efficacement, et le régime des prisons est sensiblement amélioré.

Howard, en visitant les prisons, a aussi visité les hôpitaux de l'Europe. On ne peut assez admirer le courage avec lequel il a bravé tous les obstacles. Il s'est souvent exposé à éprouver les maux qu'il vouloit adoucir, en respirant l'air contagieux des malades; et, plus d'une fois, il a fait le sacrifice de sa vie, pour le soulagement de l'humanité.

[15] PAGE 52, VERS 4.

Leurs toits hospitaliers sont fermés aux douleurs,
Et la tendre Pitié s'enfuit les yeux en pleurs.

La plupart des institutions de charité avoient été détruites pendant la révolution; les propriétés des hôpitaux avoient été aliénées. Mais le mal vient d'être réparé; l'ad-

ministration des hôpitaux a été confiée à des hommes vertueux, et leur régime s'améliore chaque jour.

A la voix de Carron le luxe s'attendrit ;
Sa vertu les soutient, et son nom les nourrit :

On sait que cet estimable ecclésiastique, forcé de s'éloigner du théâtre de la persécution, se réfugia en Angleterre ; mais on ignore peut-être que M. Carron avoit à
peine mis le pied sur cette terre étrangère, qu'il s'occupa
de réunir autour de lui les enfans des émigrés et des ca-
tholiques résidans en Angleterre. Cet établissement ne fut
que le premier essai de la philantropie chrétienne de ce
pieux fondateur. Bientôt il s'éleva, par ses soins, un asile
pour les pauvres de l'un et de l'autre sexes, des hospices
pour les malades et les infirmes. On demandera sans doute
comment un pauvre prêtre, exilé de sa patrie, sans autre
moyen que son zèle, sans autre ressource que la charité,
a su procurer à l'enfance, à l'indigence, au malheur, tant
de secours, de si utiles consolations ? C'est dans les derniers sacrifices que purent faire encore les émigrés, c'est
dans l'humanité des Anglais, que cet autre Vincent de
Paul a trouvé les encouragemens qui l'ont mis à portée de

créer ces prodiges de bienfaisance, qui ont étonné tous les voyageurs, et confondu les observateurs les plus incrédules.

Lorsque le sénatus-consulte, qui ouvrit les portes de la patrie à tant de Français que la terreur en avoit éloignés, fut connu à Londres, on voulut engager le respectable Carron à retourner dans un diocèse où il avoit laissé des monumens de son active sollicitude. « Non, je n'abandon-» nerai pas, dit-il, ce que la Providence m'a aidé à for-» mer, ce que la confiance me met en état de soutenir : » cette jeunesse a besoin de mes soins, ces malheureux » n'espèrent qu'en ma surveillance. » Ainsi, ce héros de la charité chrétienne se sépare d'une patrie qu'il regrette, pour se consacrer entièrement aux bonnes œuvres qu'il chérit. On ne peut douter de ses sentimens français, lors-qu'on lit dans ses *Pensées chrétiennes* ces paroles tou-chantes : « O France! ô ma patrie! toi qui m'as tant fait » pleurer, toi qui, durant un long exil enduré pour la » foi, n'es pas un seul jour, un seul instant sortie de » mon cœur et de ma mémoire, lieux sacrés où reposent » les cendres de mes pères, de mes proches, de mes amis! » doux sol de ma naissance, où je n'ai vu, où je n'ai » compté et ne compterai jamais que des frères, des » seconds moi-même ! ô patrie! que je suis loin de vou-» loir aigrir des plaies qui saignent encore! Disparoissent » à jamais la discorde, le ressentiment, la noire et cruelle

» vengeance, toutes les passions haineuses, les plus cruels
» ennemis de l'homme et de son bonheur ! » Après cette
profession du plus vrai patriotisme, on doit juger ce qu'il
en coûte à M. Carron pour satisfaire à ce qu'il se devoit
à lui-même, à ce que des établissemens, qui pouvoient
périr sans lui, sembloient exiger de son intarissable charité. M. Carron a publié plusieurs ouvrages, où l'on re-
marque cette onction qui semble caractériser toutes les
actions de sa vie : les *Pensées ecclésiastiques*, en quatre
volumes, et les *Pensées chrétiennes* pour tous les jours
de l'année, contiennent tout ce que la morale évangélique
a de plus pur et de plus consolant. On y trouve par-tout
le ton pathétique de Fénélon, réuni à la sublime doctrine
des pères de l'église. Ces deux ouvrages, qui ont eu un
grand succès hors de France, viennent d'être réimprimés
à Paris.

^{16 bis.)} PAGE 57, VERS 13.

Ces bourreaux beaux-esprits, ces sages sanguinaires,
Au théâtre pleuroient des maux imaginaires ;
Et, dans des flots de sang se noyant à loisir,
D'un massacre inutile ils se font un plaisir.

Tout le monde sait que dans les époques les plus sanglantes de la révolution, les armées et les généraux français étoient sans cesse accompagnés par des commissaires

de la Convention, et même de la fameuse commune de Paris. Les vexations et les cruautés que se sont permises ces commissaires sont inouies. On sait que St.-Just avoit fait dresser des échafauds dans les camps français ; et les soldats, comme les autres citoyens, ont connu le régime affreux des tribunaux révolutionnaires. Souvent, lorsque les armées déployoient un courage héroïque à la frontière; la Convention souilloit l'éclat de leurs victoires, par les lois les plus barbares. Ces vers ont été composés au moment où Robespierre venoit de faire décréter qu'on ne feroit plus de prisonniers, et c'est principalement à cette époque malheureuse que le poëte fait allusion. Au reste ; on doit dire ici à la louange des militaires français, qu'ils ont laissé de pareilles lois sans exécution; il y a dans l'esprit militaire quelque chose de noble et de généreux : la peur rendoit cruels les chefs des factieux, mais les soldats français n'avoient point peur. « Les agens de la terreur, » dit un de nos écrivains, connoissoient si bien l'esprit » militaire, que jamais ils ne confièrent à un général » l'exploitation du terrorisme; ils alloient en personne » l'exercer aux armées; et, comme si la Providence eût » décidé que l'expérience ne seroit point perdue pour les » Français, elle voulut que parmi les hommes envoyés » en mission sur les frontières, avec un pouvoir sans » bornes, pas un seul ne se distinguât par des faits mi-

» litaires; tandis qu'elle voulut aussi qu'aucun des généraux
» raux qui fixoient l'admiration de l'Europe, ne se désho-
» norât par une participation directe au règne de la ter-
» reur. Ce qui s'est passé dans la Vendée, ajoute le même
» écrivain, confirme cette assertion. L'esprit de terreur
» augmenta sans cesse le mal qu'il prétendoit arrêter :
» l'esprit militaire voulut pacifier, et réussit. J'ai, par une
» circonstance assez extraordinaire, passé près de trois
» mois avec des chefs de chouans, hommes très-estima-
» bles, et très-sincères dans la conversation intime; ils
» rendoient tous justice à la loyauté du général Hoche,
» et m'ont plusieurs fois assuré qu'ils mettoient plus de
» confiance dans sa parole que dans toutes les promesses
» du directoire. »

(17) PAGE 58, VERS 2.

O vous! tristes captifs, délaissés par la France,
Contez-nous quelle main nourrit votre indigence?

Les victimes les plus déplorables de la guerre qui vient
de se terminer, sont sans contredit les prisonniers français
en Angleterre; ils ont été souvent exposés à toutes les
horreurs de la misère. Tout le monde connoît les maux
qu'ils ont éprouvés; mais ce qu'on ne connoît pas assez,
c'est qu'il s'est fait une quête parmi les émigrés français à

Londres, pour venir à leur secours. Des familles ruinées par la révolution, ont retranché de leur nécessaire ; de pauvres prêtres, qui n'avoient que deux habits, en ont donné un. Ce trait, qui mérite une place distinguée dans l'histoire, peut seul consoler l'humanité affligée des calamités et des crimes de la révolution.

[18) PAGE 58, VERS 12.

> Où s'arment eu fureur, pour le choix des tyrans,
> Sujets contre sujets, parens contre parens.

L'auteur n'a pas prétendu s'attribuer ce dernier vers ; il l'a emprunté de Corneille, comme particulièrement consacré à peindre la guerre civile, et devenu proverbe.

[19) PAGE 60, VERS 4.

> La Vendée ! A ce nom la nature frémit,
> L'humanité recule, et la Pitié gémit.

Nous n'avons encore aucun mémoire authentique et circonstancié sur cette guerre. Un homme de lettres, connu par son talent et par son bon esprit, a recueilli des matériaux précieux ; il publiera incessamment une histoire complète de la guerre civile pendant la révolution.

NOTES

DU

TROISIÈME CHANT.

---

²⁰⁾ PAGE 64, VERS 16.

Tant que d'un Dieu suprême on adore les lois,
La Pitié dans les cœurs fait entendre sa voix ;
Mais, quand un peuple impie outrage sa puissance,
Alors elle se tait : et voilà sa vengeance.

Il semble, en effet, que les malheurs de la France se soient accrus, à mesure que le peuple se dépravoit et s'éloignoit du culte de nos ancêtres.

Nous sommes parvenus à nous procurer une pièce très-curieuse, extraite des registres de la section Poissonnière, du 5 septembre 1792, *l'an 4ᵉ. de la liberté, premier de l'égalité.* Le curé de Saint-Laurent avoit écrit à la section, pour l'inviter à assister à une cérémonie funèbre, célébrée en l'honneur des patriotes morts à la journée du 10 août. Voici la réponse que la section fit au curé, par l'organe de son président :

« Il a été fait lecture d'une lettre de M. le curé de » Saint-Laurent, qui invite l'assemblée à assister à un » service pour nos frères morts le 10 août dernier. L'as-» semblée, persuadée qu'il est temps enfin de parler le » langage de la raison, a arrêté qu'il lui seroit fait la ré-» ponse suivante :

» Les martyrs de la liberté, nos braves frères morts » pour la patrie le 10 août, n'ont pas besoin, monsieur, » d'être excusés ni recommandés auprès d'un Dieu juste, » bon et clément. Le sang qu'ils ont versé pour la patrie » efface toutes leurs fautes, et leur donne des droits aux » bienfaits de la Divinité.

» Qui! nous! nous irions prier Dieu de ne point con-» damner nos frères au supplice du feu ! Ce seroit l'ou-» trager, le calomnier; ce seroit lui dire qu'il est le plus » féroce, le plus absurde, le plus ridicule de tous les » êtres.

» Dieu est juste, monsieur; par conséquent nos frères » jouissent d'un bonheur parfait, que rien ne pourra » troubler. Les mauvais citoyens peuvent seuls en douter.

» Montrez-nous sur vos autels les glorieuses victimes

» de la liberté, couronnées de fleurs, occupant la place
» de S. Crépin et de S. Cucufin. Substituez les chants de
» la liberté aux absurdes cantiques attribués à ce féroce
» David, à ce monstre couronné, le Néron des Hébreux,
» dont les moindres crimes étoient de faire assassiner les
» maris, pour coucher plus commodément avec leurs
» femmes ; alors nous nous réunirons à vous, et nous cé-
» lébrerons ensemble le Dieu qui grava dans le cœur de
» l'homme l'instinct et l'amour de la liberté. »

Dev........, <i>président.</i>

Tab......, <i>secrétaire.</i>

[21] PAGE 68, VERS 5.

Et Tinville, après lui traînant tous ses forfaits,
Va, dans des flots de sang, se débattre à jamais.

On nous a communiqué une pièce de vers très-curieuse, écrite de la main de Fouquier de Tinville, qui
prouve que tous les patriotes exagérés n'ont pas toujours
eu le même esprit et la même opinion, et qu'ils ont long-
temps rampé devant le pouvoir qu'ils ont détruit. Cette
pièce de vers étoit adressée à Louis XVI ; elle fut envoyée
à l'abbé Aubert, avec prière de la publier dans son journal. Cet estimable journaliste jugea les vers très-mé-

diocres, ét ne les fit point imprimer ; il les jeta dans un carton , où il avoit coutume de reléguer toutes les pièces inutiles, et qu'il appeloit plaisamment le *cimetière des innocens.* En 1793 , il exhuma les vers de Fouquier de Tinville, et il les portoit toujours avec lui comme une *carte de sûreté,* bien décidé à les lire devant le tribunal révolutionnaire, s'il y étoit traduit. C'est de M. Aubert lui-même que nous tenons cette pièce ; plusieurs personnes l'ont vue entre ses mains, et peuvent en attester l'authenticité.

Vers que l'on prie messieurs les rédacteurs du Journal d'insérer dans leur Feuille.

D'une profonde paix nous goûtions les douceurs,

  Même au milieu des fureurs de la guerre :

Louis sut, en tout temps, la donner à nos cœurs,

   En l'accordant à la fière Angleterre,

     Louis admet ses ennemis

     Au rang de ses enfans chéris.

     Sous l'autorité paternelle

    De ce prince, ami de la paix ,

La France a pris une splendeur nouvelle,

Et notre amour égale ses bienfaits.

FOUQUIER DE TINVILLE,]

Abonné.

²²⁾PAGE 68, VERS 12.

Les arts aident le meurtre, et célèbrent les crimes.

On sait qu'il n'étoit point de fête révolutionnaire où l'on ne chantât des hymnes en l'honneur de la *liberté*, de l'*égalité*, de la *raison*, et de toutes les divinités du jour. Mais, heureusement, il ne reste rien de toutes ces rapsodies populaires, non plus que des monumens qui ont été élevés par les factions triomphantes. Il semble à l'observateur, que les partis aient eu la conscience de leur durée. Ils n'ont consacré leur existence que par des monumens d'un jour, que par des statues et des colonnes de plâtre; et les divinités révolutionnaires n'ont jamais été invoquées que sur des autels de carton.

²³⁾ PAGE 69, VERS 20.

Que dis-je? Aux premiers coups du foudroyant orage,
Quelque coupable encor peut-être est échappé :
Annonce le pardon ; et, par l'espoir trompé,
Si quelque malheureux en tremblant se relève,
Que la foudre redouble, et que le fer achève !

Après le siège de Toulon, un grand nombre de citoyens de cette ville furent réunis sur une place. Les ordres furent donnés pour tirer sur eux à mitraille. Un membre de la Convention, qui assistoit à cette terrible exécution, se promena froidement sur ce champ de mort; et, s'étant apperçu que quelques-unes des victimes avoïent échappé à la mitraille, il s'écria tout haut : *Que ceux qui ne sont pas morts se relèvent, la république leur pardonne.* Quelques-uns de ces malheureux se relevèrent en effet, et l'ordre fut sur-le-champ donné de les fusiller. La même scène, à quelques circonstances près, s'est répétée à Lyon.

[24] PAGE 70, VERS 20.

Par moi, du laboureur, étranger à la gloire,
Un simple monument honora la mémoire ;

M. Delille propose d'élever un monument en faveur des laboureurs, dans son *Poëme des Jardins.*

Ah ! si d'aucun ami vous n'honorez la cendre,
Voyez sous ces vieux ifs la tombe où vont se rendre
Ceux qui, courbés pour vous sur des sillons ingrats,
Au sein de la misère espèrent le trépas.
Rougiriez-vous d'orner leurs humbles sépultures ?
Vous n'y pouvez graver d'illustres aventures,
Sans doute ; depuis l'aube, où le coq matinal
Des rustiques travaux leur donne le signal,

Jusques à la veillée, où leur jeune famille
Environne avec eux le sarment qui pétille,
Dans les mêmes travaux coulent en paix leurs jours;
Des guerres, des traités n'en marquent point le cours :
Naître, souffrir, mourir, c'est toute leur histoire.
Mais leur cœur n'est point sourd au bruit de leur mémoire.
Quel homme vers la vie, au moment du départ,
Ne se tourne, et ne jette un triste et long regard;
A l'espoir d'un regret ne sent pas quelque charme,
Et des yeux d'un ami n'attend pas une larme ?
Pour consoler leur vie, honorez donc leur mort.
Celui qui, de son rang faisoit rougir le sort,
Servit son Dieu, son roi, son pays, sa famille;
Il grava la pudeur sur le front de sa fille.
D'une pierre moins brute, honorez son tombeau ;
Tracez-y ses vertus et les pleurs du hameau;
Qu'on y lise : « Ci-gît le bon fils, le bon père,
» Le bon époux. » Souvent un charme involontaire
Vers ces enclos sacrés appellera vos yeux.
Et toi, qui vins chanter sous ces arbres pieux,
Avant de les quitter, Muse, que ta guirlande
Demeure à leurs rameaux suspendue en offrande.
Que d'autres dans leurs vers célèbrent la beauté ;
Que leur Muse, toujours ivre de volupté,
Ne se montre jamais qu'un myrte sur la tête,
Qu'avec ses chants de joie, et ses habits de fête,

Toi, tu dis au tombeau des chants consolateurs,
Et ta main la première y jeta quelques fleurs.

25) PAGE 72, VERS 18.

Et, de son sang glacé souillant ses cheveux blancs,
La tête d'un héros roule aux pieds des brigands.

Une même action a presque commandé le même vers;
celui-ci est visiblement tiré de la fameuse description
de la mort de Coligny. Il semble que ce soit le sort
des grands hommes, d'inspirer ou de rappeler les beaux
vers.

26) PAGE 73, VERS 17.

J'entends encor ces voix, ces lamentables voix,
Ces voix : « Sauvez la reine et le sang de nos rois! »

L'auteur ne se dissimule pas que ces vers ne soient
encore une imitation.

27) PAGE 74, VERS 18.

. . . . Au milieu de l'horrible phalange,
Vient à pas lents ce char, où brillent à-la-fois
Le sang des empereurs et celui de nos rois.

On peut lire les détails circonstanciés de cette journée
dans l'ouvrage de M. Bertrand de Moleville. Cette

Histoire de la Révolution est la plus complète et la plus exacte que nous ayons eue jusqu'à présent.

^{27 bis.)} **P A G E 75 , V E R S 21.**

> Cependant on approche, on découvre ces lieux
> Où l'airain reproduit son ayeul à ses yeux :

Place de Louis XV, aujourd'hui place de la Concorde. Au milieu de cette place étoit la statue équestre de Louis XV. C'est là qu'au mariage de Louis XVI, un grand nombre de personnes furent étouffées dans la foule innombrable qui se pressoit sur son passage. Cette même place l'a vu périr sur l'échafaud.

^{27 ter.)} **P A G E 78 , V E R S 17.**

> Non, les revers fameux de tant de potentats,
> De l'horrible Whitehall les sanglans attentats.

Ancien palais des rois d'Angleterre, où Charles Ier. resta long-temps prisonnier, et d'où il est sorti pour monter sur l'échafaud.

²⁸⁾ **P A G E 83 , V E R S 7.**

> A sa faim qu'éveilloient des mets voluptueux,
> On épargne une vile et sale nourriture,
> Et la pourpre des rois a fait place à la bure.

Lorsque Marie-Antoinette d'Autriche fut traduite à la

Conciergerie, on la plaça dans une chambre (la chambre appelée du Conseil), qui est regardée comme la plus malsaine de cette affreuse prison, toujours humide et infecte. Sous prétexte de lui donner quelqu'un à qui elle pût demander ce dont elle pouvoit avoir besoin, on lui envoyoit, pour lui servir d'espion (de *mouton*, en termes de prison), un homme d'une figure et d'une voix effroyables, qui étoit chargé d'ailleurs, dans la Conciergerie, des travaux les plus dégoûtans et les plus·malpropres. Cet homme se nommoit Barassin, voleur et assassin de profession, qui avoit été condamné à quatorze années de fer par jugement du tribunal criminel. Le concierge, qui avoit besoin d'un chien supplémentaire qui eût la parole, avoit obtenu que Barassin, coquin très-intelligent, resteroit à la Conciergerie, où il tiendroit son banc de galérien. Tel étoit *l'honnête* personnage qui tenoit lieu de valet-de-chambre à celle qui fut reine de France. Cependant, quelque temps avant sa mort, on lui avoit ôté son officieux, le voleur de grands chemins, et on avoit placé dans l'intérieur de sa chambre une sentinelle (un gendarme), qui veilloit jour et nuit autour d'elle, et dont elle n'étoit séparée, même pendant son sommeil, sur un lit de sangle, que par un mauvais paravent en lambeaux. La fille des empereurs romains avoit, dans ce séjour affreux, pour tout vêtement, une

mauvaise robe noire, qu'elle étoit obligée de raccommo-
der tous les jours, pour ne pas être exposée nue aux
regards de ceux qui venoient la visiter. Elle n'avoit point
de souliers. Tel a été le sort de Marie-Antoinette, devant
qui toute l'Europe a fléchi le genou, à qui tous les honneurs qui puissent être rendus à une mortelle ont été
prodigués, pour qui tous les trésors du monde ont été
ouverts.

Nous nous sommes trouvés à la Conciergerie, deux ans
après la mort de la reine. Le concierge, nommé Richard,
qui étoit un homme dur et grossier, ne parloit de son
auguste prisonnière qu'avec attendrissement. Il alloit lui-
même au marché; il préparoit le dîner de la reine, et, le
soir, elle faisoit avec lui une partie de piquet. Elle avoit
toujours quelque chose d'obligeant à dire au geôlier, et à
tous ceux qui arrivoient jusqu'à elle.

²⁹) PAGE 89, VERS 8.

Leurs horribles conseils, et leur doctrine infâme,
En attendant son corps, empoisonnent son ame.
Déjà même, déjà de sa triste prison
La longue solitude a troublé sa raison.

On avoit placé auprès du fils de Louis XVI, un nommé
Simon, cordonnier : ce Simon, aidé de sa femme, forçoit

son élève à chanter la *Carmagnole* et d'autres couplets
infâmes. Ce malheureux enfant avoit une figure céleste;
mais il avoit le dos courbé, comme accablé du fardeau de
la vie. Il avoit perdu presque toutes ses facultés morales;
le seul sentiment qui lui restât étoit la reconnoissance,
non pas pour le bien qu'on lui faisoit, mais pour le mal
qu'on ne lui faisoit pas. Sans prononcer une seule parole,
il se précipitoit au-devant de ses gardiens, leur serroit les
mains, et baisoit le pan de leur habit.

Il couchoit, comme le dernier des malheureux, sur un
lit qui n'étoit jamais remué; car il n'en avoit pas la force.
Sa foiblesse et ses malheurs ne désarmoient point ses gardiens, qui chaque jour redoubloient de cruauté à son
égard. Voici un trait d'une espèce unique, qui appartient
aux membres de la commune, à ce modèle de la démo-
cratie qui devoit fixer à Paris toutes les libertés civiles et
politiques, toutes les vertus, toute la gloire de la superbe
Rome, tous les arts, toute l'urbanité de la Grèce? Après
la retraite du fameux Simon, savetier de son métier, et
gouverneur du jeune fils de Louis XVI, deux hommes,
ou plutôt deux dogues de cette commune, veilloient jour
et nuit autour de la chambre de cet enfant. Dès que le
jour cessoit, on lui ordonnoit de se coucher, parce qu'on
ne vouloit pas lui donner de lumière. Quelque temps
après, lorsqu'il étoit plongé dans son premier sommeil,

un de ces Cerbères, craignant que le diable ou les *aris-*
tocrates ne l'eussent enlevé à travers les voûtes de sa
prison, lui crioit d'une voix effroyable : « Capet ! où es-
» tu? dors-tu? — Me voilà, disoit l'enfant moitié endormi,
» et tout tremblant. — Viens ici, que je te voie. » Et le
petit malheureux d'accourir tout suant et tout nu : « Me
» voilà; que me voulez-vous? — Te voir; va, retourne
» te coucher : *housse.* » — Deux ou trois heures après,
l'autre brigand recommençoit le même manège, et le
pauvre enfant étoit obligé d'obéir.

Il est mort couvert d'ulcères. On crut dans le temps
qu'il avoit été empoisonné, et c'est encore aujourd'hui
l'opinion la plus générale. Ce qu'il y a de certain, c'est
qu'on avoit offert, sous Robespierre, une somme de
cent mille écus à un apothicaire de Paris, pour avoir le
secret d'un poison lent et efficace. Après le 9 thermidor,
un député, nommé Brival, osa reprocher au comité de
salut public d'avoir commis beaucoup de crimes inutiles,
et d'avoir oublié celui-là. Le fils de Louis XVI mourut
peu de jours après.

^{29 bis.)} P A G E 9 1 , V E R S 1 4.

Ah ! ménagez son ame, et de tout son malheur
N'allez pas tout d'un coup accabler sa douleur!

La fille de Louis XVI ignoroit la mort de sa mère,

de sa tante et de son frère, lorsqu'elle sortit du Temple.

Cependant au milieu de tant de barbarie,

Lorsque parmi les maux de ma triste patrie,

La timide Pitié n'osoit lever la voix,

Des rayons de vertus ont brillé quelquefois.

On a vu des enfans s'immoler pour leurs pères,

Des frères disputer le trépas à leurs frères.

Parmi des traits sans nombre de générosité, on peut citer ici celui de Loiseroles, qui mourut pour son fils condamné par le tribunal révolutionnaire de Paris.

. . . . Quand Septembre, aux Français si fatal,

Du massacre par-tout donnoit l'affreux signal,

On a vu les bourreaux, fatigués de carnage,

Aux cris de la Pitié laisser fléchir leur rage,

Rendre à sa fille en pleurs un père malheureux;

Et, tout couverts de sang, s'attendrir avec eux.

Mlle. de Sombreuil se précipita au travers des bourreaux pour sauver son père. Cet héroïsme de la piété filiale désarma les assassins, et M. de Sombreuil fut reconduit par eux en triomphe. Mlle. Cazotte parvint aussi à sauver son père, vieillard octogénaire; mais M. de Ca-zotte fut ensuite reconduit en prison, et la justice de ce temps-là fut moins compatissante que les assassins des prisons : M. de Cazotte a péri sur l'échafaud. On pourroit citer plusieurs autres exemples de ce mélange de barbarie et d'humanité parmi les agens subalternes de la révolution. Nous renvoyons ici le lecteur à l'*Agonie de trente-huit heures de Saint-Méard*, à l'histoire de Bertrand de Moleville, et à tous les mémoires du temps.

[32)] PAGE 92, VERS 24.

O toi! du genre humain la moitié la plus chère.
Une seule dément ton noble caractère.

Mme. du Barry, arrivée au pied de l'échafaud, jeta un cri d'effroi. Son courage l'abandonna entièrement, et elle ne put s'empêcher de s'écrier : « M. le bourreau, encore un moment. » Mme. du Barry a été la seule femme qui ait montré cette foiblesse; toutes les autres ont fait preuve d'une résignation héroïque. Parmi les femmes qui ont honoré leur mort par un courage plus qu'humain, on peut citer les carmélites de Royal-lieu, près de Compiègne : elles furent condamnées toutes ensemble par le tribunal révolutionnaire. Enchaînées sur la fatale charrette, et con-duites à travers un peuple furieux, elles chantoient le

Salve regina , avec la même tranquillité que si elles
avoient été encore dans leur église. Lorsqu'une d'elles
fut montée sur l'échafaud, les autres continuèrent leurs
chants religieux ; et ce concert céleste ne fut interrompu
que lorsque l'abbesse, qui fut exécutée la dernière, suc-
comba sous la hache du bourreau. Le courage sublime de
ces religieuses avoit tellement frappé et attendri le peuple,
que dès ce moment il cessa d'applaudir aux exécutions, et
peu-à-peu l'esprit populaire se dirigea vers des sentimens
d'humanité.

[33)] PAGE 93, VERS 20.

Tarente, que te veut cet assassin farouche?
A trahir ton amie, il veut forcer ta bouche.

« La princesse de Tarente, dit M. Bertrand de Mole-
» ville, se sauva à force d'héroïsme. Traduite devant les
» juges - bourreaux du 2 septembre, après avoir attendu
» son tour pendant quarante heures, sans fermer l'œil,
» au milieu des cris des victimes qu'on immoloit, et des
» angoisses de celles qui alloient être massacrées, elle
» retrouva toute son énergie, lorsqu'elle vit que les in-
» terrogatoires qu'on lui faisoit, tendoient à obtenir
» d'elle des déclarations qui inculpassent la reine. Elle
» réfuta si victorieusement toutes les calomnies sur les-

» quelles elle étoit interrogée , que l'opinion de tout
» l'auditoire , hautement prononcée , força ses juges à la
» déclarer innocente. »

[34] PAGE 94, VERS 14.

O vierges de Verdun! jeunes et tendres fleurs ,
Qui ne sait votre sort , qui n'a plaint vos malheurs?

Trente-huit habitans de Verdun furent traînés à
Paris, et jugés par le tribunal révolutionnaire. Parmi
ces victimes , se trouvoient des femmes , qui n'avoient
d'autre tort que d'avoir porté des bonbons et des bouquets
au roi de Prusse, lors de son entrée dans cette ville.
Tous les yeux se portoient avec attendrissement sur
Henriette, Hélène, Agathe Wattrin , jeunes, aimables et
vertueuses sœurs, filles d'un militaire parvenu aux grades
supérieurs par de longs et importans services : leur innocence, leur candeur et leur beauté intéressèrent les bourreaux eux-mêmes. Elles étoient accusées d'avoir prêté de
l'argent aux émigrés. Fouquier de Tinville leur fit insi-
nuer qu'elles n'avoient qu'à nier le fait, et qu'elles obtien-
droient leur liberté. Bien persuadées d'avoir fait une
bonne action , elles refusèrent de se prêter à un désaveu ;
leur mort fut un des crimes de cette époque révolution-

24

naire qui excita le plus d'indignation, et qui prépara la chûte des tyrans.

Sophie Tabouillot, fille de l'ancien procureur du roi au bailliage de Verdun, et Barbe Henri, fille d'un président au même tribunal, furent aussi comprises dans cette horrible procédure. Comme elles avoient à peine quatorze ans, elles ne furent point condamnées à mort, mais seulement à une exposition de six heures, sur la place publique, et à vingt années de détention à la Salpétrière. L'odieux de ce jugement révolta le parti modéré de la Convention, qui parvint ensuite à s'emparer de l'autorité. Après la chûte de Robespierre, ces deux jeunes infortunées furent rendues à la liberté.

35) PAGE 95, VERS I.

Loin les jardins de Flore, et l'impur Tivoli,
Par ses bals scandaleux trop long-temps avili,
Où d'infâmes beautés, dans leur profane danse,
A des mânes plaintifs insultent en cadence?

Le jardin de Tivoli appartenoit à M. Boutin, qui a été décapité sous le règne de la terreur.

NOTES

DU

QUATRIÈME CHANT.

---

^{35 bis.)}PAGE 97, VERS 16.

D'un sénat oppresseur les lois usurpatrices.
Gouvernent par la peur, règnent par les supplices.
Quelques abus font place à des malheurs plus grauds;
Et des débris d'un roi naissent mille tyraus.
La France, que le monde avec effroi contemple,
En offre dans ses chefs l'épouvantable exemple.

Dès que le trône fut renversé, l'autorité se partagea entre
les membres de la convention et ceux de la commune de
Paris. *Je suis las de ma portion de tyrannie*, s'écria un
jour le député Rabaut de St.-Étienne. Il n'étoit point de
club qui ne s'associât aussi à l'exercice de la puissance, et

la France en comptoit plus de vingt mille. Depuis que le peuple avoit été proclamé souverain, tout le monde vouloit être peuple; chaque groupe se considéroit comme le peuple souverain, et nous avons vu tout-à-coup s'élever plus de cent mille peuples, tous égaux en droits, tous rivaux de pouvoirs, et toujours prêts à appuyer leurs prétentions par la violence. Au milieu de cet épouvantable chaos, chaque commune avoit son gouvernement, chaque quartier son tyran; et toutes les factions, toujours divisées entr'elles, ne sembloient se réunir que pour donner la mort. A mesure que l'autorité s'est concentrée, les agitations ont été moins vives, et l'unité du gouvernement a été enfin comme un port qui a recueilli le vaisseau de l'état, et qui nous a sauvés d'une ruine générale.

[36] PAGE 100, VERS 11.

Ainsi pleuroit l'Hébreu; mais du moins par ses frères
Il n'étoit point banni du séjour de ses pères.
Ah! combien du Français le sort est plus cruel!
Chassé par des Français loin du sol paternel,
Il fuit sous d'autres cieux; et, pour comble de peine,
De sa patrie ingrate il emporte la haine.

La plupart des émigrés ont fui, parce que leur vie étoit menacée, et le plus grand nombre d'entr'eux auroit péri infailliblement sous le régime de la terreur, s'ils étoient restés sur le territoire français.

37) PAGE 106, VERS 6.

» Venez, nobles bannis, leur dit-elle avec joie ;

» Carthage hospitalière est l'asile de Troie.

» Le destin vous poursuit, c'est assez pour mon cœur :

» Malheureuse, j'appris à plaindre le malheur. »

Quare agite, ô tectis, juvenes, succedite nostris.
Me quoque per multos similis fortuna labores
Jactatam hâc demùm voluit consistere terrâ.
Non ignara mali, miseris succurrere disco.

ÆN., LIB. I. carm. 627 et seq.

38) PAGE 106, VERS 20.

Du nectar de Sicile il emplit leurs vaisseaux,
Et ses regards long-temps les suivent sur les eaux.

Aceste, qui régnoit dans une partie de la Sicile, fit le meilleur accueil à la flotte d'Énée, lorsqu'elle aborda dans ses états. Virgile en parle ainsi dans le cinquième livre de l'*Énéide*, vers 35 :

At procul excelso miratus vertice montis
Adventum sociasque rates, occurrit Acestes,
Horridus in jaculis et pelle Libystidis ursæ ;
Troia Crimiso conceptum flumine mater
Quem genuit. Veterum non immemor ille parentum,

Gratatur reduces; et gaza lætus agresti
Excipit, ac fessos opibus solatur amicis.

39) PAGE 107, VERS 18.

. . . . « Abrégez mon supplice ,

» O Troyens! vous voyez un compagnon d'Ulysse !

» Percez-moi de vos traits , plongez-moi dans les flots;

» Vous me devez la mort. »

Achéménide étoit un des. compagnons d'Ulysse , qui furent retenus dans la grotte de Polyphème. Virgile raconte ainsi, au troisième livre de l'*Énéide* , son apparition devant Énée, dans l'île des Cyclopes :

Quùm subito è sylvis, macie confectâ supremâ
Ignoti novâ formâ viri, miserandâque cultu,
Procedit, supplexque manus at littora tendit.
Respiscimus : dira illuvies, immissaque barba,
Consertum tegumen spinis. . . . .
. . . . mox sese al littora præceps
Cum fletu precibusque tulit : per sidera testor,
Per superos, atque hoc cœli spirabile lumen ,
Tollite me, Teucri, quascumque abducite terras,
Hoc sat erit. Scio me danais è classibus unum,
Et bello Iliacos fateor petiisse penates.
Pro quo, si sceleris tanta est injuria nostri,
Spargite me in fluctus vastoque immergite ponto.
Si pereo, hominum manibus periisse juvabit.....
Sum patria ex Itħaca, comes infelicis Ulixi,
Nomen Achemenides.

ÆN. LIB. III, carm. 590.

⁴⁰⁾ PAGE 108, VERS 12.

. . . . Et toi, daigne m'entendre,
Waldeck, homme éclairé, prince aimable, ami tendre.
Je ne te vis jamais ; par l'estime dicté,
Mon vers par tes faveurs n'est point décrédité.

On voit que dans ces vers, comme dans d'autres pas-
sages, la même idée a nécessité la même expression.

⁴¹⁾ PAGE 110, VERS 3.

Pour corriger encor la fortune ennemie,
Du vénérable Oxford l'antique académie
Multiplia pour vous ce volume divin,
Que l'homme infortuné ne lit jamais en vain ;
Qui, du double évangile ancien dépositaire,
Nous transmit de la foi le culte héréditaire ;

L'université d'Oxford a fait imprimer la bible, pour en
distribuer les exemplaires aux ecclésiastiques français qui
se trouvoient en Angleterre.

⁴²⁾ PAGE 111, VERS 21.

Non, non : je l'ai promis à l'aimable Glairesse ;
Beaux lieux qui nourrissoient ma poétique ivresse,

Glairesse est un village sur le lac de Bienne, dont le
paysage est très-pittoresque.

Ces bosquets de Saint-Pierre, île délicieuse,
Qu'embellit de Rousseau la prose harmonieuse!

« De toutes les habitations où j'ai demeuré, dit Rous-
» seau dans sa cinquième Promenade, aucune ne m'a rendu
» si véritablement heureux, et ne m'a laissé de si tendres
» regrets que l'île de Saint-Pierre, au milieu du lac de
» Bienne. Cette petite île, qu'on appelle à Neufchâtel l'île
» de la Motte, est bien peu connue, même en Suisse;
» aucun voyageur que je sache, n'en fait mention. Cepen-
» dant elle est très-agréable et singulièrement située pour
» le bonheur d'un homme qui aime à se circonscrire; car,
» quoique je sois peut-être le seul au monde à qui sa des-
» tinée en ait fait une loi, je ne puis croire être le seul
» qui ait un goût si naturel, quoique je ne l'aie trouvé
» jusqu'ici chez nul autre.

» Les rives du lac de Bienne sont plus sauvages et plus
» romantiques que celles du lac de Genève, parce que les
» rochers et les bois y bordent l'eau de plus près; mais
» elles ne sont pas moins riantes. S'il y a moins de cul-
» ture, de champs et de vignes, moins de villes et de
» maisons, il y a aussi plus de verdures naturelles, plus
» de prairies, d'asiles ombragés de bocages, des contrastes

» plus fréquens et des accidens plus rapprochés. Comme
» il n'y a pas sur ces heureux bords, de grandes routes
» commodes pour les voitures, le pays est peu fréquenté
» par les voyageurs ; mais il est intéressant pour des con-
» templatifs solitaires qui aiment à s'enivrer à loisir des
» charmes de la nature, et à se recueillir dans un silence
» que ne trouble aucun autre bruit que le cri des aigles,
» le ramage entrecoupé de quelques oiseaux, et le roule-
» ment des torrens qui tombent de la montagne. Ce beau
» bassin, d'une forme presque ronde, enferme dans son
» milieu deux petites îles, l'une habitée et cultivée, d'en-
» viron demi-lieue de tour ; l'autre, plus petite, déserte
» et en friche, et qui sera détruite à la fin par les trans-
» ports de la terre qu'on en ôte sans cesse, pour réparer
» les dégâts que les vagues et les orages font à la grande.
» C'est ainsi que la substance du foible est toujours em-
» ployée au profit du puissant.

     » Il n'y a dans l'île qu'une seule maison, mais grande,
» agréable et commode, qui appartient à l'hôpital de Berne,
» ainsi que l'île, et où loge un receveur avec sa famille et
» ses domestiques ; il y entretient une nombreuse basse-
» cour, une volière et des réservoirs pour le poisson. L'île,
» dans sa petitesse, est tellement variée, dans ses terrains
» et ses aspects, qu'elle offre toutes sortes de sites, et
» souffre toutes sortes de cultures ; on y trouve des

» champs, des vignes, des bois, des vergers, de gras
» pâturages ombragés de bosquets et bordés d'arbris-
» seaux de toute espèce, dont le bord des eaux entretient
» la fraîcheur. Une haute terrasse, plantée de deux rangs
» d'arbres, borde l'île dans sa longueur; et, dans le mi-
» lieu de cette terrasse, on a bâti un joli salon, où les ha-
» bitans des rives voisines se rassemblent, et viennent
» danser les dimanches, durant les vendanges. »

N. B. Nous croyons devoir profiter de cette circonstance, où il est question de Rousseau, pour annoncer au
public que nous avons entre les mains un manuscrit iné-
dit de cet écrivain, qui doit faire suite à ses œuvres. Ce
manuscrit renferme une correspondance très-intéressante
et très-curieuse entre Rousseau et madame de Franque-
ville, M. du Peyrou, Fréron, David Hume et quelques
personnages distingués du siècle dernier. (*N. des Édit.*)

(49) PAGE 112, VERS 10.

Lieux charmans! Aux proscrits, en vain nos oppresseurs
Ont de votre séjour envié les douceurs;
Et, menaçant de loin vos frêles républiques,
Ont envoyé contr'eux leurs arrêts tyranniques.

Le directoire a souvent poursuivi les émigrés jusque

sur les terres étrangères, et plus d'une fois le gouvernement de la Hollande et celui de la Suisse reçurent l'ordre
de les chasser de leur territoire.

44 *bis.*) PAGE 113, VERS 20.

Combien l'Europe a vu d'illustres ouvriers
S'exercer avec gloire aux plus humbles métiers !
La beauté, que jadis occupoit sa parure,
Pour d'autres que pour soi dessine une coiffure ;
L'une brode des fleurs, l'autre tresse un chapeau ;
L'une tient la navette, et l'autre le pinceau.

Plusieurs émigrés ont su employer dans leur exil les
talens que l'éducation leur avoit donnés ; quelques-uns
ont embrassé des professions mécaniques ; d'autres ont·
enseigné le dessin et la musique ; les hommes instruits
ont appris aux étrangers les principes de la littérature et
de la langue française. La langue française et le goût de
notre littérature sont beaucoup plus universellement ré-
pandus en Europe, qu'ils ne l'étoient il y a vingt ans :
on le doit aux émigrés, et sur-tout aux ecclésiastiques.
En rentrant dans leur patrie, ils y ont rapporté les con-
noissances qu'ils ont puisées chez les étrangers ; et les
langues étrangères, telles que l'italien, l'anglais et l'alle-
mand, sont aujourd'hui beaucoup plus répandues chez

les Français, à qui on reprochoit de ne savoir que leur propre langue.

Les femmes émigrées ont fait connoître aux étrangers nos arts agréables; elles leur ont donné nos goûts, et les talens qu'elles avoient cultivés sont devenus pour elles une ressource dans les malheurs de l'exil. Mais les talens agréables n'ont pas seulement été utiles aux émigrés, ils ont été aussi une ressource et une consolation pour ceux qui sont restés en France, et qui se sont trouvés ruinés par la révolution. Combien de femmes, nées dans l'opulence, ont été obligées de travailler pour vivre, et ont excellé dans un art qu'elles n'avoient d'abord cultivé que pour leur agrément! Parmi celles qu'on pourroit nommer, nous citerons seulement madame Roux, qui excelle dans l'art de faire des fleurs. Elle avoit envoyé à M. Delille une couronne de myrte et de lauriers; voici quelques vers d'une épître que lui a adressée à ce sujet le chantre des Jardins :

La nature en riant t'a cédé son empire.

Jadis, écoutant trop un indiscret délire,

Je voulus, du peuple des fleurs,

Exprimer les beautés, les formes, les couleurs;

Mais, comparée à tes doigts enchanteurs,

Hélas! que peut ma foible lyre!

Ta main créa : je n'ai fait que décrire.

Dans ton ingénieux travail,

A tes aimables fleurs, que manque-t-il encore ?

Du plus éblouissant émail

Leur riche vêtement à ton gré se décore ;

Je pense voir sur leurs habits

La brillante rosée épancher ses rubis ;

Je crois voir du zéphir l'haleine caressante,

Balancer dans tes mains leur tige obéissante,

Et sur leurs frais boutons d'azur, de pourpre et d'or,

L'abeille, de son miel, recueillir le trésor.

Je cherche, en les voyant, à quelle chevelure

Doit s'enlacer leur riante parure.

Non : jamais de Zeuxis le pinceau si vanté,

N'unit tant d'artifice à tant de vérité.

J'ai vu ces arsenaux, où l'airain qui bouillonne

Représente à nos yeux, ombragés de lauriers,

Les poètes et les guerriers ;

J'ai vu ces ateliers où la guerre façonne

De nos héros les glaives destructeurs :

Sans m'effrayer, ton art m'étonne,

Et je préfère aux forges de Bellone,

Où Mars, assis sur le bronze qui tonne,

Court arroser la terre et de sang et de pleurs,

Ce paisible atelier, brillant de cent couleurs,

Qui, pour moi, pour mon Antigone,

Enfante des lauriers, des myrtes et des fleurs.

Que, ces festons brillans ont le droit de me plaire !

Mais en dépit de ma témérité,

Je le sens trop, je n'ai point mérité

Un prix si doux, un si brillant salaire.

Alcibiade seul, dans Athène autrefois,

Beau, jeune, brave, et servant à-la-fois

La Minerve des arts, la Minerve guerrière,

Pour prix de ses talens et de ses grands exploits,

Eut le droit d'obtenir une fleur de Glycère.

Charmante Églé ! les fleurs ne t'abandonnent pas ;

De leurs fraîches couleurs ta bouche se décore ;

Je les vois naître sous tes pas ;

Je les vois s'animer sous tes doigts délicats ;

Ton haleine est celle de Flore ;

De la blancheur du lys, ton teint nous éblouit ;

Comme une fleur s'épanouit,

Je vois ton doux sourire éclore ;

Tu dis un mot : c'est une fleur encore :

Et par-tout sur tes pas le printemps nous sourit.

Quand l'Éternel d'un mot créa nos paysages,

Il s'admira lui-même en ses ouvrages ;

Toi, dont la main les reproduit pour nous,

Ton cœur doit jouir davantage :

Créer le monde est beau, l'imiter est plus doux :

Tu montres à-la-fois le modèle et l'image ;

Et moi, portant à tes genoux

Mon tendre et légitime hommage,

Je dis : Comment cette jeune beauté,

Dont l'aimable simplicité,

Comme la fleur des champs est ingénue et pure,

A-t-elle su, trompant le toucher, le regard,

Mettre à côté de la nature

Le doux mensonge de son art?

Cet aimable prestige est sa seule imposture.

Jadis des fleurs je chéris la culture ;

De leur agréable parure

Je bordois mes ruisseaux, je parois mes bosquets ;

Au souffle des vents indiscrets,

Sous l'abri transparent d'un verre,

Je les cachois dans le fond d'une serre ;

Mais les vents, la critique ont flétri mes jardins,

Et je donnerois mon parterre

Pour la moindre des fleurs qui tombent de tes mains.

45) PAGE 113 ; VERS 23.

De son vêtement d'or un Caumont l'embellit ;
Et de son luxe heureux mon art s'enorgueillit.

M. de Caumont s'est fait relieur à Londres, et il est
devenu un des plus habiles ouvriers dans ce genre.

Telle je nourrissois ma douce rêverie,
Lorsque de deux Français le sort miraculeux
M'apprend que le destin réalise mes vœux.

M. Delille, après avoir terminé cet épisode, apprit
que tout ce qu'il avoit imaginé étoit arrivé, avec la dif-
férence cependant, qu'il place la scène dans l'Amérique
méridionale, sur les rives de l'Amazone, et qu'elle s'est
passée dans l'Amérique septentrionale.

En 1793, M. et Mme· de Latour du Pin parvinrent à
s'échapper de Bordeaux, en s'embarquant sur un vaisseau
américain. Ils abordèrent à Boston, avec M. de Chambeau, leur compagnon d'infortune. Peu de temps après
leur arrivée, ils eurent la douleur d'apprendre tous les
trois la mort de leurs pères : M. de Dillon, M. de Latour
du Pin, ex-ministre, et M. de Chambeau, avoient péri le
même jour sur l'échafaud. Cette affreuse nouvelle ne fit
que fortifier la résolution qu'ils avoient prise d'aller
vivre loin d'un pays où ils venoient de perdre tout ce
qu'ils avoient de plus cher. Il leur restoit cinq cents louis
pour toute ressource ; il falloit en déterminer l'emploi
sans délai et sans méprise ; il falloit sur - tout aller cher-

cher dans la solitude et dans une vie laborieuse , un asile
contre les souvenirs trop déchirans de la révolution française. Leur parti fut bientôt pris, et le plan fut exécuté
avec autant de courage que d'intelligence. Qu'on se figure
deux jeunes époux, qui avoient vécu à la cour, comblés
des dons de la nature et de la fortune, élevés dans la
magnificence du luxe, instruits dans tous les arts agréables ,
et tout-à-coup tombés dans une situation où tout ce
qu'ils avoient appris leur devenoit inutile, et où ils étoient
obligés, pour ainsi dire, de recommencer la vie. Ils arri-
vèrent chez un paysan du comté de New-Yorck , recommandés par le général Hamilton , et plus encore par leur
malheur. Ils prièrent le fermier de les recevoir en pension,
pour s'instruire à son école des détails de l'exploitation
d'une ferme, et de la culture des terres en Amérique.
Ils passèrent ainsi six mois chez leur hôte, devenu leur
instituteur et leur ami; ils allèrent ensuite s'établir sur
les bords du Delaware, à quelques lieues d'Albani; là,
aidés de deux négresses et d'un nègre esclaves, M. et
Mme. de Latour du Pin n'ont plus connu que les devoirs,
les occupations et les plaisirs de la vie champêtre; ils par-
tageoient avec leurs nègres tous les travaux de la ferme.
M. de Latour du Pin labouroit lui-même les champs et
abattoit les arbres des forêts ; tantôt agriculteur , tantôt
architecte et maçon , chaque jour il agrandissoit sa chau-

mière et étendoit son domaine : il étoit parvenu à faire le meilleur cidre de la contrée. Mme. de Latour du Pin, qui étoit la ménagère, portoit elle-même au marché d'Albani, les légumes du jardin et les produits de la basse-cour, qui étoient sous son inspection particulière; elle faisoit elle-même le pain, et s'occupoit de tous les détails du ménage.

C'est dans cette situation qu'ils ont reçu la visite de quelques amis d'Europe, que la révolution avoit comme eux fait fuir de leur patrie. Aussitôt que la France est devenue abordable pour les malheureux qui avoient été proscrits, les parens et les amis de M. et Mme. de Latour du Pin, ainsi que la commune qu'ils avoient habitée, se sont réunis pour les engager à y revenir, et ce n'est pas sans peine qu'ils se sont séparés de la nouvelle société qui les avoit adoptés.

^{(46 bis.)} PAGE 124, VERS 20.

Enfin, on la revoit, dans la saison nouvelle,
Cette solennité si touchante et si belle,
Où la religion, par un culte pieux,
Seconde des hameaux les soins laborieux.

L'auteur du *Génie du Christianisme* a parlé de ces

fêtes champêtres ; on sera, sans doute, bien aise de voir ici comment il a traité ce sujet :

« Les cloches du hameau s'étant fait entendre, les vil-
» lageois quittent à l'instant leurs travaux ; le vigneron
» descend de la colline, le laboureur accourt de la plaine
» le bucheron sort de la forêt ; les mères, fermant leurs
» cabanes, arrivent avec leurs enfans, et les jeunes filles
» laissent leurs fuseaux, leurs brebis et les fontaines,
» pour se rendre à la pompe rustique.

» On s'assemble dans le cimetière de la paroisse, sur
» les tombes verdoyantes des aïeux. Bientôt s'avance du
» lieu voisin tout le clergé destiné à la cérémonie ; c'est
» quelque vieux pasteur qui n'est connu que par le nom
» de *curé* ; et ce nom vénérable dans lequel est venu se
» perdre le sien, indique moins le ministre du temple,
» que le père laborieux du troupeau. Il sort de son
» presbytère, bâti tout auprès de la demeure des morts,
» dont il surveille la cendre. Il est établi dans sa de-
» meure comme une garde avancée aux frontières de la
» vie, pour recevoir ceux qui entrent et ceux qui sor-
» tent de ce royaume de douleurs. Un puits, des peu-
» pliers, une vigne autour de sa fenêtre, quelques
» colombes, composent tout l'héritage de ce roi des
» sacrifices.

» Cependant l'apôtre de l'évangile, couvert d'un

» simple surplis, assemble ses ouailles devant la grande
» porte de l'église ; il leur fait un discours, fort beau
» sans doute, à en juger par les larmes de l'assistance.
» On y entend souvent répéter : *mes enfans*, *mes chers*
» *enfans!* et c'est-là tout le secret de l'éloquence du
» Chrysostôme champêtre.

» Après l'exhortation, l'assemblée commence à défiler,
» en chantant : *Vous sortirez avec plaisir*, *et vous*
» *serez reçu avec joie ; les collines bondiront*, *et vous*
» *entendront avec joie.* L'étendard des saints, l'antique
» bannière des temps chevaleresques, ouvre la carrière au
» troupeau qui suit péle-mêle avec son pasteur. On entre
» dans des chemins ombragés , et coupés profondément
» par la roue des chars rustiques ; on franchit de hautes
» barrières, formées d'un seul tronc d'arbre ; on voyage
» le long d'une haie d'aubépine, où bourdonne l'abeille,
» et sifflent les bouvreuils et les merles. Tous les arbres,
» au défaut de leurs feuilles, étalent l'espérance de leurs
» fruits ; la nature entière est un bouquet de fleurs. Les
» bois, les vallons, les rivières, les rochers, entendent tour-
» à-tour les hymnes des laboureurs, qui suivent les replis de
» l'écharpe diaprée, que la main du Créateur a jetée sur
» les campagnes. Étonnés de ces cantiques, les hôtes des
» champs sortent des bleds nouveaux, et s'arrêtent à quel-
» que distance, pour voir passer la pompe villageoise.

» Dans cette fête, on n'invoque point les saints, mais
» les anges , parce que ces bienfaisans génies sont appa-
» remment chargés de présider aux moissons, aux fon-
» taines, aux rosées, aux fleurs et aux fruits de la
» terre.

» La procession rentre enfin au hameau. Chacun
» retourne à son ouvrage : la religion n'a pas voulu que
» le jour où l'on demande à Dieu les biens de la terre,
» fût un jour d'oisiveté. Avec quelle espérance on en-
» fonce le soc dans le sillon, après avoir imploré celui
» qui dirige les soleils, et qui garde dans ses trésors les
» vents du midi et les tièdes ondées. Pour bien achever
» un jour si saintement commencé, les vieillards de la
» paroisse viennent, à l'entrée de la nuit, converser avec
» le curé, qui prend son repas du soir sous les peupliers
» de sa cour. La lune répand alors les dernières harmo-
» nies sur cette fête, que l'église a calculée avec le retour
» du mois le plus doux, et le cours de l'astre le plus
» mystérieux. On croit entendre de toutes parts les
» germes sourdre dans la terre , et les plantes croître et
» se développer : des voix inconnues s'élèvent dans le
» silence des bois, comme le cœur de ces anges cham-
» pêtres dont on a imploré le secours, et les soupirs du
» rossignol parviennent jusqu'à l'oreille des vieillards,
» assis non loin des tombeaux. »

(7) PAGE 128, VERS 19.

O riant Chanonat! ô fortuné séjour!
Je crois revoir encor ces beaux lieux, ce beau jour,
Où, fier d'accompagner le saint pélerinage,
Enfant, je me mêlois aux enfans du village!

Village très-pittoresque de l'Auvergne, où l'auteur a été élevé.

F I N.

ERRATA *pour quelques exemplaires.*

Page 44, *vers* 16, ses murs, *lisez* ces murs
Ib.   22, Ils redoublent, *lisez* Il redouble
57,   6, Prête à la dévorer, *lisez* Prêt à le dévorer
59,   10, ne sauroit lui plaire, *lisez* ne sauroit leur plaire
61,   14, ces sons, *lisez* ses sons.
92,   11, s'immoler à leurs pères, *lisez* pour leurs pères
Ib.   18, Et tous, couverts, *lisez* Et, tout couverts
128,   20, Je croirai voir, *lisez* Je crois revoir